JN056993

日本軍性奴隷制を裁く
女性国際戦犯法廷20年
判決／証言をどう活かすか

●20周年国際シンポジウムの記録●

女性国際戦犯法廷20周年実行委員会編
金富子・梁澄子・岡本有佳・石田凌太　責任編集

世織書房

はじめに

＊

なぜ女性国際戦犯法廷20周年国際シンポジウムを開いたのか

「日本軍性奴隷制を裁く女性国際戦犯法廷」（以下、女性法廷）から20年目を迎えた２０２０年12月12日、私たちは韓国・朝鮮・中国・台湾・フィリピン・インドネシア・東ティモールの日本軍「慰安婦」制度・戦時性暴力サバイバーとその支援団体とともに、オンラインで20周年国際シンポジウムを開催しました。

そもそも女性法廷は、被害サバイバーの「責任者を処罰してほしい」「正義を取り戻したい」という声に応答するため、ＶＡＷＷ-ＮＥＴジャパン（初代代表：松井やより）が１９９８年４月にアジア連帯会議で提唱・承認されたことに始まります。その後、国際実行委員会（加害国代表のＶＡＷＷ-ＮＥＴ、被害国代表の韓国挺身隊問題対策協議会、国際諮問委員会代表のアセントが共同代表＝当時）が結成され、２年半の準備を経て、２０００年12月８日〜10日に東京・九段会館で、被害８カ国から被害女性64人、検事団・女性団体、グローバルな市民たちを招いて開廷されました。法廷では、首席検事２人（ティナ・ドルコポル、パトリシア・セラーズ）と各国の検事団によって、被害サバイバーの証言、元日本軍兵士や専門家の証言、文書資料などの証拠に基づき審理が行なわれ、加害責任者を特定しました。この３日間の審理を受け、12日に判事団が「判決の概要」として、国際法に依拠して「昭和天皇の有罪、日本政府に責任」という判断を下しました。１年後の２００１年12月、オランダ・ハーグで判事団が下した最終判決では、日本軍が「人道に対する罪としての強かんおよび性奴隷制を実行した」と明確に認定しました。

このように法廷の画期的な意義は、裁きと正義を求める被害者の声に応えて、加害国日本の女性運動が被害国女性運動とグローバルな市民と協働しながら、東京裁判で裁かれなかった旧日本軍指導者の個人責任、その後の被害を放置した日本政府の国家責任をも裁いた民衆法廷だったことです。その背景にある日本の侵略戦争や植民地支配を問うものでもありました。ハーグ最終判決文（2001年）は、国際法に基づきこの犯罪を多角的かつ緻密に分析をした上で判断を下し、国際法の市民化・女性化に寄与しました。

法廷10年目の2010年には、「『法廷』は何を裁き、何が変わったか～性暴力・民族差別・植民地主義～」をテーマに女性国際戦犯法廷から10年・国際シンポジウムを開催しました。法廷の首席検事だったパトリシア・セラーズさん、被害証言者として中国から韋紹蘭さんとその息子の羅善学さん、フィリピンからナルシサ・クラベリアさんを招き、会場となった東京外国語大学ホールには500名が参集しました（主催は女性国際戦犯法廷10周年実行委員会。詳しくは同『報告集』参照）。

以上の経緯をふまえて2020年春、VAWW RAC（VAWW-NETジャパンの後続団体）、日本軍性奴隷制問題解決のための正義記憶連帯（韓国挺身隊問題対策協議会の後続団体）、日本軍「慰安婦」問題解決全国行動の3団体に参加する個人や次世代の有志によって実行委員会が構成されました。後援して下さった明治学院大学国際平和研究所、協賛とカンパをして下さった諸団体や個人、当日の参加者の皆さんに心から感謝いたします。

私たち実行委員会が20周年国際シンポジウムを開催したのは、歴史的な意義をもつ法廷を忘れずに記念したいという懐古的な意味からではありません。2010年代後半から世界的に性暴力を問う＃MeToo運動、奴隷制と植民地主義を問い直すBlack Lives Matter運動が活発に展開されているなか、法廷から20年たった日本において日本軍「慰安婦」問題が解決していないばかりか、深刻の度を増している性暴力の不処罰（＝無罪判決）、他民族へのヘイトスピーチの蔓延をこれ以上放置したくない、「慰安婦」問題の解決に向けて国内外の世論を喚起し大きな力にしていきたいという強い思いからです。そのため、法廷を知らない若い世代を意識しつつ、何よりも各国の「慰安婦」・戦時性暴力サバイバーたちの姿と声、法廷に関わったメンバーたちのメッセージを伝えたいと思いました。

しかしながら、この年コロナ禍が世界を覆ってしまったため、私たちはオンラインでの開催を決断し、事前にサバイバー証言や法廷関係者の映像を作成することにして、当日は映像とライブの両方で進行することにしました。そのため、各国のサバイバーや支援団体とつながる日本の運動団体・個人を中心に映像チームを結成し、韓国の日本軍「慰安婦」研究会と協力しながら映像制作に取り組みました。法廷と松井やよりさんの関連映像を快く提供して下さった池田恵理子さんに感謝いたします。

今回の国際シンポジウムでは、「女性国際戦犯法廷の判決／証言を未来にどう活かすか――いまこそ性暴力不処罰と植民地主義を断ち切るために」をテーマに、２部制で行ないました。第１部では女性法廷の今日的意義を振り返るために、法廷ドキュメンタリー映像を上映し、法廷の首席検事だったドルコポルさん（字幕映像）、法廷に関わりの深い阿部浩己さん（ライブ）、正義連理事長の李娜榮（イナヨン）さん（同）に基調報告をもらい、法廷関係者の映像メッセージ（松井やより、尹貞玉、パトリシア・セラーズほか）を上映しました。

第2部では「日本軍「慰安婦」・戦時性暴力サバイバーの証言を聴く」と題して、冒頭で述べた7地域の被害サバイバーたちの過去と現在の証言映像を字幕付き映像でつなぎました（60分）。さらに、こうした証言をうけて「次世代からの提言」として、東ティモール、在日朝鮮人、フィリピン、台湾、米国、韓国、日本の次世代たちによる現在の活動と今後が映像とライブで紹介されました。最後に、韓国から梁鉉娥（ヤンヒョナ）さん（日本軍「慰安婦」研究会会長）のメッセージ、法廷20年宣言文を朗読して閉会しました。第1部、第2部の司会をそれぞれ担った次世代の田部井杏佳さん、有田光希さんは、重責を十分に果たしてくれました。

これらの準備（翻訳・編集・字幕、当日の通訳など）には膨大なエネルギーを使いましたが、当日は大きな放送事故もなく成功裡に終えることができました。また、オンラインだったので、日本各地はもちろん海外（韓国、米国、カナダ、トルコ、ドイツなど）からも参加していただき、その参加者数はスタッフ含め７５０人（事後配信含む）に達し、アンケートでも高い評価をいただきました。オンラインを逆手にとって法廷と証言の意義を広く共有できたのは、不幸中の幸いだったと言えるでしょう。この年、台湾で11月に、韓国で12月4・5日に、ロンドンで12月8・10日に、フィリピンでは12月13日にそれぞれ女性法廷20周年を記念するイベントが開催されたことも付け加えたいと思います。

シンポジウム当日のドキュメントであるこの著作が、日本軍「慰安婦」・戦時性暴力サバイバーたちの貴重な声を伝えるとともに、日本軍「慰安婦」問題の解決に向けて少しでも貢献することを願ってやみません。

2021年10月5日

金 富子（女性国際戦犯法廷20周年実行委員会／VAWW RAC共同代表）

日本軍性奴隷制を裁く
女性国際戦犯法廷 20 年
判決／証言をどう活かすか

CONTENTS

はじめに　金富子　1

第Ⅰ部　いまこそ性暴力不処罰と植民地主義を断ち切るために　11

基調報告

第Ⅱ部　サバイバーの証言を聴く／次世代からの提言

【コラム】

巻末資料

表紙　画：ジョン・ジョンヨプ《Red bean rhapsody 5》Oil on canvas 194x130cm　２０１８年
裏表紙写真：本文の証言者アルバムより。

凡例

*女性国際戦犯法廷の正式名称は「日本軍性奴隷制を裁く女性国際戦犯法廷」ですが、本書では女性法廷、または筆者による略記とします。

*「慰安婦」とは男性視点に立って性奴隷という本質を歪曲する言い方なので、批判の意味をこめてカッコをつけて「慰安婦」と記します。また、日本軍による被害なので日本軍「慰安婦」制度／問題とすべきですが、本書では「慰安婦」制度／問題と略記する場合があります。本書では、性暴力被害から生き抜いた人々への敬意をこめて、サバイバーあるいは被害サバイバーを使います。

第Ⅰ部

いまこそ性暴力不処罰と植民地主義を断ち切るために

主催者あいさつ

中原道子

（女性国際戦犯法廷20周年実行委員会／VAWW RAC 共同代表）

「女性国際戦犯法廷」20周年国際シンポジウムの開催にあたり、一言あいさつの言葉を申し上げます。

1991年、日本軍により拉致・監禁され、日本軍「慰安婦」として、筆舌に尽くし難い、苦痛に満ちた体験を強制され、戦後も苦難の人生を送った韓国の女性たちが沈黙を破り、その体験を語りはじめました。金学順さんが、自ら「慰安婦」であったと名乗り出たときの衝撃は今も忘れられません。

彼女たちの告発で、日本軍「性奴隷制」の歴史が次第に明らかになり、衝撃を受けた女性たちによる運動が始まりました。韓国の女性たちに励まされる形で、アジア・太平洋戦争期、日本軍により占領され、支配された中国、朝鮮、フィリピン、インドネシア、マレーシア、東チモール、そして日本の被害女性たちが声を上げました。

1980年代に朝日新聞社の記者であり、「アジアの女たちの会」（1977年設立）を立ち上げていた松井やよりさんは、マレーシアとの国境に近いタイのハジャイで、韓国人の「慰安婦」被害者の盧寿福（ノスボク）さんを取材しました。この時、松井さんが書いた記事は、朝日新聞の最初の「慰安婦」に関する記事でした。また、沖縄では、戦後も帰国できなかった「慰安婦」被害者の裵奉奇（ペポンギ）さんを取材しています。

こうした状況の中で、1998年松井さんが、一言「裁こう」と言ったのを、私は忘れることはできません。当時、日本社会では、「裁く」という行為に抵抗を感じる人はかなり多かったと思います。まして、天皇裕仁の戦争責任を裁くということにはかなりの覚悟が必要でした。法廷を準備する過程で、天皇を裁くということに対し、人々が潮が引くように引いてゆくのを感じていました。松井やよりさんは、この年ジュネーヴで、国連人権委員会の開催中に開かれたNGOフォーラム「武力紛争と女性」に参加し、「女性法廷」の計画を話し、多くの女性の熱烈な支持を受けています。どこの国も、世界中で多発する女性に対する戦争犯罪を裁いてこなかったからです。

天皇裕仁は、当時は国家元首であり、陸海軍の最高統帥者でした。ですから陸海軍が、開設した性奴隷制に責任がないとは考えられません。しかし、戦後、天皇裕仁は、戦争責任を一切負わない、責任は取らないという選択をしました。天皇は自らマッカーサー元帥を訪問し協力を申し出ましたし、マッカーサー元帥も天皇を利用しました。こうして、天皇裕仁は、自ら宣戦布告をした戦争、自らが統帥した陸海軍の犯罪に関して一切責任を負いませんでした。

松井やよりにより発議された「日本軍性奴隷制を裁く女性国際戦犯法廷」は、韓国挺対協代表尹貞玉、フィリピンのアセント代表インダイ・サホールによって支持され、この三ヵ国を中心に、2000年に「日本軍性奴隷制を裁く女性国際戦犯法廷」が組織されました。

四日間にわたるこの法廷で、女性たちは、「日本軍性奴隷制」の責任者として、当時、日本の元首であった天皇裕仁の戦争責任を裁きました。この法廷は、これまでの戦時の女性に対する性暴力の「不処罰」を断ち切り、それは女性に対する犯罪であるという明確なメッセージを掲げたのです。「天皇裕仁有罪」の判決が読み上げられた時、会場を覆った歓声は今も耳に残ります。

この「女性国際戦犯法廷」は、第二次世界大戦後、日本軍の戦争犯罪を裁いた男性法廷「東京裁判」では裁かれなかった日本軍による女性に対する戦争犯罪を初めて裁いた法廷でした。四日間にわたる法廷開催のすべての準備が女性によって行われました。日本では、この法廷開催のため、VAWW-NET Japan（Violence Against Women in War Network Japan）が組織され、そのニュースレター第一号〝VAWW-NET Japanニュース〟が、1998年7月にでています。

2000年の「女性国際戦犯法廷」は、日本、韓国、フィリピン三ヶ国の女性たちの努力、奮闘の成果であり、また男性も含めた参加国の判事、検事、証人、弁護士、そして4日間、毎日千人もの世界各国からの参加者に支えられて、実現しました。

しかし、日本軍性奴隷制問題はいまだに解決を見ていません。私たちは、「日本軍性奴隷制」を世界の歴史の中にはっきりと書き残し、今もなお世界各地で継続する、戦下の女性に対する暴力を告発し、解決に向けて一層の努力を重ねてゆかなければなりません。

　私たちが２０００年の「女性国際戦犯法廷」で獲得した「判決」は、今もなお、女性に対する暴力の不処罰に苦しむアフリカなどの女性たちが、そこに希望を見出し、力を得ている判決です。

　私たちは、闘いを止めてはいけません。世界中の女性たちと手を取りあって、運動を続けてゆきましょう！

後援者あいさつ

高原孝生（国際平和研究所所長）

皆さん、こんにちは。

国際平和研究所所長の高原です。

さまざまな困難を乗り越えて「女性国際戦犯法廷」が東京で開かれてから、早くも20年が経ちました。

それは21世紀最初の20年と重なります。

20世紀は戦争の世紀でした。新しい世紀にこそ、平和と繁栄に向かって歩みを進めたいと願って、私たちは21世紀を迎えたのですが、そのような願いは、まだ実現していません。

世界の各地で武力紛争が続き、20年前に法廷が告発した「戦時性暴力」と女性の人権侵害は、普遍的な問題として、今も私たちの前にあります。

なぜ、そんなことが起きたのか。どうすれば、それを防ぐことができるのか。

「Post-truth　本当かどうかは重要ではない」がイギリスでその年を代表する言葉として選ばれたのは、２０１６年のことでした。

そして今、この日本でも、人々は、自分の認識を補強してくれるようなメディアのみを選ぶ傾向にあります。いわゆるフィルターバブルに閉じ込められ、偏った情報だけで世界を解釈してしまう人が増えています。

このように私たちの言論空間が変化しているなかで、平和研は、聖書の言葉「真理はあなたたちを自由にする」を掲げ、理性の力を信じたいと思います。

正直に歴史に向き合い、若い世代が希望を抱いて、平和な未来を展望できますよう、今日のつどいが、新しい知見を学べる場になりますように。

第一部概要

小野沢あかね（VAWW RAC運営委員）

女性国際戦犯法廷（「法廷」）20周年シンポジウムの趣旨は、「法廷の判決／証言を未来にどう活かすか」である。第1部では、2000年女性国際戦犯法廷に深く関係する3人の方々に、それぞれの視点から「法廷」の歴史的意義を語っていただくとともに、「法廷」の成果を将来にどう生かしていくのかという点をご報告いただいた。そのご報告をまとめた論考をここに皆さんにお届けするとともに、その概要を説明したい。

1人目は、「法廷」の首席検事をつとめた、オーストラリアのウスティニア・ドルコポル氏である。その論考「女性国際戦犯法廷――市民社会の正義の追求を再定義する」は、世界の女性人権運動の視点から、女性国際戦犯法廷を成し遂げた原動力であるアジアの草の根の女性人権運動を高く評価し、「法廷」が、その大きな遺産であることを強調する。そして、マイノリティ女性によって成し遂げられたという点において、「慰安婦」問題解決運動と今日の#Me Too運動やBlack Lives Matter運動が類似していると指摘する。また、ユーゴスラビア紛争時の性暴力が、日本軍「慰安婦」被害者の名のり出に与えた影響も指摘し、「慰安婦」問題解決運動と現在、同運動と世界との関係を強調している。さらに、国際法に照らして厳密に判定された日本政府の責任、そして昭和天皇の責任に関する判決内容について説明してくれている。

2人目は、「法廷」で日本検事団をつとめた阿部浩己氏である。氏は長年にわたり「慰安婦」問題解決運動に伴走し続けた国際法学者である。その論考「2000年法廷から日本の植民地主義を問い直す」では、19世紀に欧米で成立した国際法は、植民地主義と分かちがたく結びついており、大国に有利な法構造だったこと、植民地化された地域の実情を覆い隠すものだったことを指摘する。しかし現在、植民地支配の不当性を問い直す動きは世界各地で活発化しており、東アジアもその例外ではない。韓国の大法院で2018年に元徴用工への損害賠償を命じる判決が下ったことも、そうした動きを背景としていると考えるべきであると述べる。そして、「法廷」は、主として「人道に対する犯罪」と「奴隷制」という2つの法概念を武器に国際法の植民地主義的限界に挑み、植民地支配下の重大な不正義を法的に追及する壮大なチャレンジだったと評価する。

　そして3人目が韓国の李娜榮（イナヨン）氏である。氏はフェミニスト社会学者であり、正義連の現理事長である。その論考「2000年法廷から性暴力を処罰した韓国#Me Too運動へ」は、日本軍性奴隷制問題解決運動の大きな原動力の一つであった韓国女性運動が、2000年以降おしすすめた性暴力関連問題への取りくみについて説明し、正義連が今後すすむべき方向性を展望するものである。民主化の実現によってその基盤を築いた韓国女性運動は、2000年代には性売買特別法の制定や性暴力特別法の改正などをはじめとする成果を次々と上げた。また、基米軍地村女性の人権活動も発展し、「慰安婦」被害者との連帯も築かれた。さらに、2016年には、江南駅殺人事件を発端に、20代をはじめとする若い女性たちによる新たなフェミニズム運動が、そして2018年からは#Me Too運動が空前の盛り上がりをみせるなど、新たな展開がみられる。こうしたなかで正義連は、金学順さんのカミングアウトを#Me Too運動の礎として改めて位置づけ、新しい世代の運動と積極的に連携しつつ、現在進行形の女性への暴力とフェミサイドを告発し続けていくと言う。

　第1部では、冒頭で短く編集された「法廷」の映像が流れ、また、3つ報告の後には、法廷に深く関係した方々のメッセージも紹介され、臨場感があふれた。第1部には、これらの方々のメッセージも収録し、現在も「慰安婦」問題解決運動に尽力している複数の世代の方々にコラムとして原稿もお寄せいただいている。

　これらの論考が性暴力不処罰の連鎖と植民地主義を断ち切るための大きな武器になることを信じ、皆様にお届けしたい。

女性国際戦犯法廷

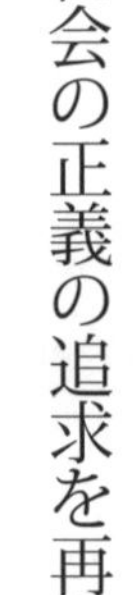

市民社会の正義の追求を再定義する

ウスティニア（ティナ）・ドルゴポル

（女性国際戦犯法廷・元首席検事／南オーストラリア州・フリンダース大学国際法准教授）

はじめに

このたびは、オンライン国際シンポジウムに参加でき、大変うれしく思います。「日本軍性奴隷制を裁く女性国際戦犯法廷」（以下、法廷）20周年を記念するシンポジウムを、このような形で開催すると決定した主催者の皆さまに、賛辞をお送りします。法廷の重要性や、紛争下で続いた女性への暴力と闘い続ける必要性の両方を押さえ、数々の講演者や参加者の皆さまを取りまとめることは、技術的にも容易ではなかったと思います。

本日は、法廷の歴史的な重要性について2つの側面をお話しします。法廷が女性に対する犯罪の性質に重点を置いた点と、第二次世界大戦中に行なわれた性犯罪について、〔昭和〕天皇を含めた日本の軍人や政治家の責任を立証するのに法律を活用した点です。また、主催者の皆さまからのご依頼に沿って、現在、世界中でBlack Lives Matter（BLM）運動や#MeToo運動について活発な議論が行なわれている状況をふまえ、日本軍「慰安婦」問題〔以下、「慰安婦」問題と略す〕を世界的な問題とし、この法廷をもたらしたアジア太平洋地域での運動との共通点や関連性についてもお話しします。

この運動がまだ終わっていないことは明らかです。現在も、こうして多くの団体や個人がこの問題に取り組み続けています。本日、皆さまがこのオンライン・シンポジウムに参加されているのは「慰安婦」制度の歴史的影響や、それに対する市民社会の対応が重要であり続けているからなのです。

1　「慰安婦」問題解決運動と#MeToo・BLM運動

法廷1日目のドルコポル首席検事の冒頭陳述（2000年12月8日）

重要な事実として忘れてはならないのが、「慰安婦」問題に取り組む市民社会の努力の背後には、歴史的な不正義を正し、国際的な人道法、刑事法の内容に影響を与えるべく努力を重ねてきた、アジアの女性運動があるということです。私は長年にわたり、法廷に関する数々の論文を書いたり、書籍に寄稿してきましたが、その一つひとつで「慰安婦」問題を世界的な問題にした、アジアの女性の人権活動家の重要な役割を強調してきました。この点については、また後ほどお話しします。

このような女性たちの運動がなければ、法廷が開かれることはなかったでしょう。法廷について理解するためには、まず市民社会の役割を考える必要があります。その役割とは「慰安婦」に対して行われた犯罪について対処してこなかったことについて、国際社会を説得する証拠を明るみにしたことです。証拠が明らかにしたことは、国際人道法で適用される内容との間に大きな隔たりがあること、日本政府による完全な賠償が必要なこと、さらにジェンダーに関連する捜査と起訴が被害者に苦しみや不公正を長く残しているということです。

「慰安婦」問題を放置してきた司法

シンポジウムにご参加の皆さんはご存知の通り、各国内の、そして国際的な司法制度はあまりにも頻繁に女性たちを裏切ってきました。強かん、拷問、性的暴行、セクハラなど女性が遭うさまざまな被害の形が、法的な犯罪リストに具体的に示されていないこともよくあります。証拠規則や、被害者やサバイバーの精神的安定に配慮なく手続きを進めることで、この問題はさらに悪化します。そして最終的に、検事の決定には自身の偏見が影響するため、性犯罪の軽視につながることもよくあります。[*1]

慰安所の設置や、そこに住むよう強制された女性たちの扱いについて、連合国軍が知っていたことに疑問の余地はほぼありません。この制度について、そして女性たちが耐えなければならなかった扱いについて連合国軍が知っていたことを示す連合国軍側の書類を研究者たちは発見しています。戦後、新聞には慰安所という見出しが並び、1950年代初めには、意思に反して連れ去られ、組織的に強かんされた女性たちに関する複数の小説が発表されました。しかしながら、この大規模に行なわれた残虐行為は、極東国際軍事裁判〔東京裁判〕や連合国がそれぞれ行なったB級戦犯裁判で大きく取り上げられることはありませんでした。[*2]これが長期にわたって、女性たちに身体的、精神的な影響を与え続けることになりました。

残念ながら、1960~70年代の女性人権活動家たちが望んでいたほど、私たちは前進していません。#MeToo運動に呼応した人々から挙げられた問題の1つに、羞恥心があります。それは自分の身に起こったことについて話すことに恐怖を持ち続ける要因になります。犯罪の被害者になる原因を何かしら自分で作ったと他の人に思われるのではないかと不安に感じるのです。[3]プラス面としては、投稿への反応に勇気づけられたり、自分が受けた性暴力を告発する勇気を持てたという女性たちもいたようです。[4]

アジアの草の根女性人権運動

それと同様に、日本軍により強制的に連行され、性奴隷にされた女性たちに起こったことを記録しようという、韓国で初めて公に行われた本格的な試みの後にも、勇気を持って名乗り出る人が続きました。韓国の研究者が「慰安婦」問題に興味を持ち始めた理由については、諸説あります。[5]わかっていることは、証拠資料の収集を積み重ねた後、当時の歴史をよりよく理解するために、「慰安婦」制度を経験した女性たちに名乗り出るよう呼びかけがあったということです。幸運なことに、数人の女性たちが名乗り出ました。そうした女性たちの勇気は過小評価されてはなりません。口を開くと決めた彼女たちは誰も、社会からどのような反応を受けるかわかりませんでした。そしてもちろん、生涯背負い続ける苦しみを和らげる行動が、彼女たちのために取られるとも限りませんでした。

それから短期間で「慰安婦」制度がアジア太平洋全域にわたって、女性や少女たちに被害を及ぼしていたことが明るみになりました。各地域の女性たちは、自身が耐えなければならなかった制度の恐ろしい本質について、口を開きはじめたのです。名乗り出た女性たちの人数と、社会からの圧倒的な支援により、国際社会がこの問題に注目するまでそう長くはかかりませんでした。私自身はアジア太平洋地域の出身ではありませんが、この地域での女性人権運動の盛り上がりと、この「慰安婦」問題が、地域全体およびグローバルな課題になったことにはつながりがあると思われます。

私は、この運動の消えることのない遺産の一つは、草の根の取り組みが世界の女性人権運動において極めて重要な役割を担うようになったことだと思います。これはアジアで起きた問題であり、多くの場合、無償でたゆまぬ努力を重ねてきた、主にアジアの女性や男性が記録してきたことです。サバイバーや活動家は世界中に足を運び、この問題への関心を高め、数十万人もの女性たちを苦しめてきた犯罪の責任を日本に取らせるよう強く求めてきました。

た。[*6] #MeTooという場を有名人が活用したことで、すべての社会に存在する強かんや性的暴行の範囲の広さについて人々の認識を向上させる一助となりました。

差別や性暴力に対して声を上げること

しかし、米国で注目を集める裁判がいくつか行なわれただけでは、私たちの国がそれぞれ抱える、根深く存在する社会の問題を解決することはできません。特に女性の自主性を否定する性的行為といった、女性の尊厳を力ずくで侵害することに対して、女性、男性両方が声を上げ続ける必要があります。今後、性暴力の通報が格段に増加しなければ、#MeToo運動の勢いは時間とともに失われます。おそらく、さらに重要なのは、それぞれの社会で女性たちが真の平等を達成するための能力を妨げている権力の力学の問題に取り組まなければ、この運動の目的が達成されることはないということです。

聴衆の皆さま、特に若い方々は役割を持っています。あからさまでも、目立たない形でも、差別や性的暴力について声を上げることは、たとえ小さな行動だったとしても影響を与えることができるのです。

草の根とマイノリティが担う重要な役割

なぜこれが重要なのか、それにはいくつか理由があります。世界の人権運動は、今でも北米、そしてヨーロッパが中心となり続けています。人権に関する問題についてメディアに流れ込む情報の多くは、米国やヨーロッパ各地に本部を置く団体から発信されています。私はそのような組織自体を非難しているわけではありません。これらの団体が持つ世界的なメディアや、人権問題に取り組む政府間組織へのアクセスは、深刻な人権侵害に注目を集める際には非常に有効です。しかしながら、自分の手で力と影響力をつけてきた草の根団体の能力は、過小評価されたり、忘れられるべきではありません。

これを強調するもうひとつの理由は、大衆運動を起こすにあたり、マイノリティの女性や有色人種の人々が担ってきた重要な役割をメディアが見落としているからです。#MeTooというフレーズを最初に造ったのは、有色人種の女性でした。タラナ・バークは「性的不正行為の被害を受けた黒人やヒスパニック系の少女たち、そして後に女性たちが、守られた環境でサポートを受けながら経験について話せるよう勇気づけるため」にこのフレーズを使いまし根本的な変化は、既存の権力構造に対する継続的な問いかけから始まります。それには大勢の人々からの多大な努力が必要です。これまでＢＬＭ運動を注視してきた方には、この草の根運動の目的は、黒人が国家により暴力を受けているという組織的な側面に焦点を当てることだとわかるでしょう。メディアの報道は警察による黒人男性、女性の殺害が中心となっていますが、この運動は警察の暴力を非難するだけでは終わりません。目的のひとつに、地元コミュニティのニーズに応えられる力の中枢を、各地域に置くことがあります。[*7] ＢＬＭ運動の包括的な目標としては、世界中の黒人にとっての社会的、経済的、政治的な平等の追求があります。[*8]そして、国際的なネットワークを構築し続け、黒人や先住民の人々の自由と平等を追求する努力をたたえます。[*9]

ＢＬＭ運動の分散化した活動方法と、各国で「慰安婦」問題に取り組んできた多くの団体の機能には相似点があります。各団体はそれぞれの文化的状況を活用して女性たちを集め、経験を語るために必要な支援の手をさしのべます。このような分散化した活動方法により、各団体は、女性たちが自身の経験や正義の追求が自分の手中にあると考えられるように、女性たちを力づける方法を見つけられたのです。このようなローカルで地道な努力が活動の中心的な支えとなり、そこから国際社会に働きかける人々によって取り組みが広がります。

旧ユーゴスラビア紛争の影響

草の根運動の活動家に加え、幅広い専門家のグループや学者が参加し、日本政府には女性たちへの完全な賠償と完全かつ無条件の謝罪を求められるべきであると、数々の国際機関が確信を持つための、証拠の発表に極めて重要な役割を果たしました。１９８０年代、私はジュネーブの国際法律家委員会〔ＩＣＪ〕で働いていました。そこでは、仕事を始めて早い時期から、正確な情報を提供して信頼を置かれている人が、さまざまな国連の人権機関の仕事で最大の影響を与えることができていることに気づきました。

正義を求め社会的変化を起こすという意欲は、多くの当事者にとって深く心に響くことです。私が初めて「慰安婦」問題に携わった時、20人以上の女性たちにインタビューする貴重な機会がありました。かなりの数の女性たちは、旧ユーゴスラビア紛争が自分が当事者として名乗り出る決断をした理由のひとつだったと言いました。

メディアの報道は、戦争の武器として性暴力が使われているという情報で溢れていました。女性たちは、自分たちが耐えなければならなかった残虐行為が再び繰り返されていることにショックを受けました。彼女たちは自身の経験を語ること、特にその経験が自分の全生涯に深く負の影響を与えたことを強調することで、旧ユーゴスラビア紛争での加害者への処罰に関する議論や、国際社会のこのような犯罪への対応の取り方に影響を与えられるかもしれないと考えたのです。ほとんどの女性たちは、自身の苦しみが、犯罪を犯した軍人や政治家の処罰につながっていないことを認識していました。

「慰安婦」問題に取り組むグループができはじめると、女性たちの中には、それまで感じたことのない力を持った感覚を覚える人が出てきました。時間とともに、自身の痛みを公にすることで、人権全般に関する議論や国際法の整備に影響を与えられると実感したのです。多くの人の声に耳を傾ける場を作る重要性、そして社会的変化をもたらしたいと考えるグループや個人の間で力を分かち合うことは、「慰安婦」運動とBLM運動の取り組みに共通している方法です。[*10]

「慰安婦」運動は国際的な注目を集め、支援を得るにあたり驚異的な成功を収めました。時間の制約上、成功例は脚注に記載しました。[*11]法廷から出た並はずれた量の情報が、この問題に日本が十分に取り組んでこなかったことに対する反響の増加に影響を与えたことは、間違いありません。国連の条約機関は、日本政府に謝罪と補償や賠償の面で国際的な責務を果たすのに必要な措置を取るよう求めてきました。それに加えて、多くの国や州の議会や市議会が、日本政府にその過ちを認め、十分な補償を行なうよう求めています。[*12]

2　女性への犯罪を裁いた女性国際戦犯法廷

1990年代をとおして、日本、韓国、フィリピンではさまざまな団体が公開集会、シンポジウム、会議を開きました。参加者も多く、国際的に信望のある登壇者が出ることもよくありました。日本の責任を問う日本の一般市民の支持や、日本は謝罪して名誉回復のために積極的な措置を講じるようにという国際社会から繰り返されてきた要求[*13]にもかかわらず、女性たちの苦しみをもたらした被害について、政府が十分に向きあうことはないだろうという見解が、関係者や市民団体の間で広がっていました。

日本軍の軍人を具体的に名指しにして法廷を開くという〔原初的な〕アイデアが初めて出されたのは、1997年11月に東京で行なわれた「戦争と女性への暴力」国際会議でのことでした。[*14] それまで東京やソウルで行なわれていた数々の公聴会やセミナーとは異なる形式で行なうべきだと、すべての参加者の意見が一致しました。それまで、ほとんどの公聴会は、2～3人の女性が前に出て体験を語り、それに学者や活動家がその状況についてコメントするといったものでした。〔国際刑事裁判所（ICC）〕ローマ規定に関する取り組みが法廷へのアプローチに影響を与えました。それは、日本軍の各将校が女性に対して犯した犯罪について責任を定める証拠が提出され、女性たちへの補償を行なう日本政府の義務に関する判決がなされるべきだということです。

なぜ民衆法廷だったのか

サバイバーの女性たちと何度も相談を重ね、できる限り正式な裁判に近い形で民衆法廷を行なうという結論に達しました。これは、裁判所で認定し得る証拠を提出し、国際法の明確な基準に基づく議論によって法廷を行なうということでした。これは事実と法の本質的な解析が裁判官に求められるということです。この時にコーディネートを担った団体は、韓国挺身隊問題対策協議会（当時）、女性の人権アジアセンター（ASCENT）、そして「戦争と女性への暴力」日本ネットワーク（VAWW-NETジャパン（当時））でした。その後すぐに中国、インドネシア、北朝鮮、台湾からの代表が国際実行委員会に加わり、2000年代半ばには、東ティモールからの代表も法廷の準備に参加しはじめました。徐々に、マレー人やオランダ人の女性たちの状況も法廷で取り上げられる問題に含まれることになりました。

この場をお借りして、指揮官の特定や慰安所が置かれていた場所を特定する証拠書類を見つけ出した、各国の団体の多大な努力に敬意の念を示したいと思います。集められた資料は数百ページにも及びました。証言を行なう女性たちには法廷の前やその間も精神面でのサポートが行なわれました。女性たちの多くは映像をとおして証言をしました（九段会館の大きさを考えると1500名の聴衆がいることになり、人によっては恐怖感を感じる状況になると思われたからです）。毎日、九段会館の3階の席はメディア関係者で埋まり、法廷の期間中、女性たちは新聞や雑誌、ラジオ、テ

法廷２日目に中国検事団の審議で証言する万愛花さん（2000年12月9日）

レビなどの報道記者たちのインタビューを受けました。法廷がこのように大々的な注目を浴びた理由の1つは、提示された証拠と審理の厳粛さだと思います。

法廷では数名の専門家の証人による証拠も使われました。証拠は日本軍の組織構成、政府の記録として保存されていた「慰安婦」制度についての文書の内容、天皇の権限を含む戦時中の日本政府の構造、集団的強かんの被害者へのトラウマの影響、そして被害に対する賠償の可能性を含む、第二次世界大戦終結の時点での国際法で適用される規則などの問題についてカバーしました。2名の日本軍元兵士が出廷し、「慰安婦」制度に関する自身の関与や経験について証言を行なうことになりました。

民衆法廷に対してよく起こる批判のひとつに、民衆法廷は偏っていて、法廷で訴訟が行なわれる以前に、参加者が主要な問題について結論に達しているという批判があります[*15]。しかしながら、サンフランシスコ講和条約で日本政府は残虐行為に対する責任を認めているので、これは女性国際戦犯法廷について根拠のある批判にはあたりません[*16]。

民衆法廷とは何か――国家の裁きを超えて

民衆法廷の概念についてそれほど詳しくないという方もいらっしゃると思いますので、過去60年間に民衆法廷がどのように使われてきたかを簡単にご説明します。１９６０年代以来「80件以上の国際民衆法廷」が開かれました[*17]。これらの法廷で取り上げられた問題の範囲は大変幅広く、ベトナム戦争からラテンアメリカの水源をめぐる問題、そして人権侵害を促進したり加担してきた多国籍企業の役割など多岐にわたります[*18]。このような取り組みの大部分はさまざまな国際法の規則を議論し、それを適用しようという試みにあります。一部の法廷は「公式な説明責任の構造にギャップがあるという認識」から始められました[*19]。多くの場合、これらの法廷は、人道に対する犯罪に相当する可能性のある、人権規範への重大な侵害に対する国際的なメカニズムが国際社会によって十分に検討されたり、非難されることはないだろうという考えから行なわれています。[*20]

まぎれもなく最も有名な国際法廷のひとつであるラッセル法廷は、米国がベトナムで行なった戦争行為に関する懸念、そして米国政府および米軍の司令官らが米国内または国連をとおした国際法廷で責任を問われることはないと考えられたことから始まったようです。[*21] もっと最近では、イラク世界法廷にも同じことが言えます。[*22] 傍観者からすると、これらの法廷は「政治的な」傾向があるように見えるかもしれません。しかし、同時に国際人道法と人権法で確立されている基準に基づいた裁判でもあるのです。

２０１３年のイランの法廷は、東京で行なわれた女性国際戦犯法廷と同一ではないものの、類似した目的で開かれました。主催者は、１９８０年代にイランで政治犯として投獄されていた間に拷問、殺害、強かんなどの深刻な人権侵害を受けたイラン人のディアスポラの人々でした。[*23] あらゆる信条の政治犯の家族やサバイバーが参加できるようにするため多大な労力がささげられました。

あるイラン人の解説者は、参加者についてこのような所見を述べています。

彼らは法律や法的メカニズムに見捨てられたと感じていた…… 参加者は、これまで長きに渡り、イラン政府、ディアスポラの受け入れ国、そして国際的な法的機関によって果たされることのなかった正義がイラン法廷で明らかになると考えたのだ。[*24]

この感情は、第二次世界大戦後に行なわれたさまざまな裁判で「慰安婦」が感じた感情と極めて似ています。多くの女性たちは、極東国際軍事裁判では「慰安」所に関連して訴えられたかもしれない犯罪が考慮されていなかったと考えていましたし、その認識はほぼ正しかったと言えるでしょう。先ほど述べたように、連合国は慰安所について十分な文書を集積していました。それに加えて、日本軍が占領していたさまざまな地域において、凶暴な性暴力が行なわれていたことも認識していました。それらの資料のほんの一部だけが極東国際軍事裁判に提出されました。ある解説者は、性奴隷や強かんといった犯罪に向き合わないことが「不正義の記憶」を作り出したと指摘しました。[*25]

民衆法廷の中心となる指針は、判決の第63～69項で述べられています。極めて重要なのは、主権は国家だけに帰するのではないという事実です。それは人民の主権意思につながるものです。国家は国際社会全体と国民に対して、過去の過ちを正す手段を講じる義務を負います。裁判官は「主権は最終的に各国家および領土に暮らす人々に属する」という検事の主張を受け入れました。その結果、検事とアジア太平洋地域の人々の名において行なった訴訟は正当とされました。[*26]

3 女性国際戦犯法廷の判決の意義〜国際法の視点から

国家責任と国際法違反

それでは、日本の天皇が戦争犯罪や人道に対する犯罪の責任を負うとした部分を含む、判決のいくつかの側面について見てみましょう。

女性国際戦犯法廷は、政治や軍の指導者の刑事責任と、日本政府の国家責任の両方を問うものでした。国家責任の問題は、法廷に関する解説で見逃されていることもあります。女性たちが求める、全面的かつ率直な謝罪とそれにまつわる賠償に日本が取り組んでこなかったことを考えると、判決のこの側面は犯罪の責任があったという所見と同等の重要性を持っています。裁判官の見解は以下のとおりです。

憲章第四条は、日本が犯した国家不法行為は、当初の人道に対する罪と、その後のその罪に対して、国際法の求めに従って償わなかったことから生じることを認識している。国際不法行為には、差別のほか、国際犯罪に関する真実を隠したり、発見し公表することを怠けること、追跡や賠償を怠けること、個人の完全性、福利、尊厳を守る措置をとらないこと、再発防止に必要な措置を取らないことが含まれる。

判決は、日本の国家責任を生じさせる、国際法の具体的な違反を挙げています。これらの違反は、脚注にリストを記載しています。[*27]

国家責任を認定するにあたり重要なのは、国家機関が不法行為を行なったということ、またはそのような行為を防止できる知識を持っていた、または制御できたはずだったということです。2名の著名な教授の証言により、裁判官は慰安所が設置され、それらが維持された当時の管理制度が「甚だしい人権侵害を助長した」という結論を出しています。さらに「日本の指揮命令系統が軍「慰安所」の物資供給や運営を監督する戦場の将校たちと、陸軍省、外務省、さらには天皇本人にまで至る指揮の最高レベルを結んでいたと認定する。「慰安所」制度はそこで認可され、組織化されかつ、あるいは管理されていたのである。[28]」としているのです。

判決の概要を読み上げる４人の判事たち。右側（2000年12月10日）

第二次世界大戦中の人権侵害の責任に加え、裁判官は、日本がその後も国際法を違反し続けていることについても責任を負うという判決を下しました。裁判官は「人道に対する罪と戦争犯罪の事実を認め、公表すること」が国家の義務であると言及しています。この義務とは、国家に「過去の不正に関わる情報を機密解除し、その保持や分析、さらに一般人と専門家の双方を含む公衆の入手のための手段を提供する」ことを求めるということです。[29] 明らかに、これまで日本政府は情報の機密解除や取得に真剣に取り組んでおらず、もちろん、私たちが皆知っているとおり、日本敗戦時、政府は意図的に文書を破壊しました。法廷に提出された証拠は、日本政府が「慰安婦」制度に民間人、軍人の関与を証明する証拠文書を隠蔽し続けたことを告発しています。[30]

この継続的な国際法違反は、「慰安婦」制度に関する資料を、ユネスコの「世界の記憶」に登録申請する取り組みとも関連しています。日本は圧力団体が資料の登録に異議を唱えることを許してきました。これらの団体は「慰安婦」制度について、民間および軍当局による「慰安婦」制度の設置や維持への関与は限定的だったという虚偽の主張をしています。このような働きかけに、政府が暗黙の支持をすること自体が義務に対する継続的な侵害で、この問題に取り組むすべての団体によって非難されて然るべきです。

刑事責任と賠償

本日は時間の制約により、具体的な賠償の問題についてお話しできませんが、この問題に取り組んでいる方には、判決文の賠償の権利について述べられている部分を再度読むことをお勧めします。刑事責任は加害者〔個人〕を対象とするものです。国際社会で強かんや拷問の責任を負う者が犯罪者とされることは、サバイバーにとって重要ではあるものの、その結果自体がサバイバーの継続的なニーズに対処するわけではありません。この数十年間、多くの国では犯罪の被害者のための基金が立ち上げられてきました。私たちの被害者の権利に関する考えの発展が反映されたのは、国際刑事裁判所に関するローマ規程ができた時だといえます。ローマ規定[*31]の第75条で、裁判所は「被害者に対する又は被害者に係る賠償（原状回復、補償及びリハビリテーションの提供を含む）に関する原則を確立する」としています。

賠償の資金は「有罪の判決を受けた者から、または第79条に規定する信託基金を通じて」行なうことができます。[*32]

先に述べたとおり、日本が国家責任について法律を遵守しないことは、数々の国連機関が「慰安婦」に十分な賠償をするよう日本に勧告している理由のひとつです。その不履行については、女性への暴力に関する国連の特別報告者が2010年に書いた、賠償にまつわるジェンダーに関する解説にも記されています。報告者は「賠償の分野において、伝統的に女性が軽視されてきたこと」が「『慰安婦』に対する補償を求める運動の大部分が不成功に終わっている」[*33]という例を挙げています。

判決のこの側面を活用することで、「慰安婦」問題の運動を、賠償に関する国際規定の適用についてジェンダー分析を促進する世界的な運動の一部にし続けられます。これまで、女性は紛争中に暴力の標的になったり、コミュニティへの「暴力の矛先にさせられる」ことが多くあるにもかかわらず、この賠償の問題にはあまり焦点が当てられてきませんでした。[*34] 特別報告者の所見はいくつかあり、女性に支援の手を差し伸べる必要性、紛争の被害を受けた女性たちが主体性を感じられるようにすること、賠償に関する手続き、そして賠償と「女性の純粋性やセクシュアリティの価値観をめぐる文化的理解を覆すことを含む[*35]」コミュニティでの教育を結びつける必要性を述べています。これは、女性国際戦犯法廷の賠償問題の判決と類似しています。

昭和天皇の最高司令官・国家元首としての責任と有罪判決

このシンポジウムにご参加の皆様はご存知のとおり、第二次世界大戦後に昭和天皇は裁判にかけられませんでした。この決定は、米国からの強い圧力により、有罪になった場合の市民の暴動を恐れた連合国が、天皇を裁判にかけないという決断をしたものです。私はその考えが正確だったかについてコメントする立場にありませんが、天皇に責任を課さなかったことが地域の国々には好意的に受け取られなかったのは明らかです。そして、「慰安婦」たちの見解ではもちろん、日本軍が天皇の名において犯した残虐行為の責任は、日本軍の最高司令官だった天皇にあるべきなのです。

国際人道法が天皇にも適用されてほしいというサバイバーの女性たちの要望により、法廷の憲章の起草者は、天皇の犯罪責任について判決を行なう権限を裁判官に与えました。裁判官たちは、１９４０年代後半には国際法が国家元首を裁けるのに十分なまでに進化していたと同意しました。国際法にあまり馴染みがない方はご存知ないかもしれませんが、何世紀もの間、国の主権を持つ国家元首を訴追することはできないという慣習法上の考え方がありました。その考え方は第一次世界大戦の際に試され、多くの戦勝国はカイザー（皇帝）を訴追したいと考えていました。裁判は行なわれなかったものの、これにより国家元首の免責の範囲に関する議論がより活発になりました。第二次世界大戦後には、連合国から枢軸国の指導者を裁判にかけるという提案もありましたが、私たちが知るように、そのような裁判は行なわれませんでした。

議論が活発になったことで、法廷の裁判官は、国家元首の刑事裁判からの免除を否定できるほどにまで国際法が発展していたか、判断せざるを得なくなりました。法廷が行なわれた時点までに、

壇上で「天皇有罪、日本国家に責任」の判決を喜ぶ各国サバイバーたち

国際法がこの問題において前進していたのは事実ですが、この裁判において判例法およびローマ規定の原則を遡及的に適用することはできないとしています。[*36]

法廷に提出された証拠からたどりつく唯一の結論として、昭和天皇が慰安所に関連する残虐行為について知っていた、もしくは知っているはずだった、そして彼は「慰安婦」制度を終わらせる権限を持っていた、と裁判官は認めています。提出された証拠について、裁判官は以下のように要約しています。

> 文書に記された兵士たちの残虐行為は、日本軍が男性、女性両方に対し抑圧と同時に、性暴力を含む暴力の文化を醸成してきたという動かしがたい証拠を提供する。私たちに提出された証拠は、「慰安制度」が、この文化の残酷な反映かつ組織的な拡大であり、ジェンダー、民族、貧困、従属的地位によって、劣ったもの、消耗品として扱われた女性たちに対して主に罰せられたことを示している。[*37]………
>
> 「慰安制度」の規模はあまりにも巨大で、状況はあまりにも非人間的で、運営はあまりにも一貫していたので、政府や軍の最高指導者たちは、自分たちが設置し、維持した制度の犯罪性を知っていたに違いないという結論にしか至らない。実際に、あれほど広範な制度は、あらゆる階層レベルの膨大な数の行為者が計画したり、知りつつ参加することを必要としたのである。[*38]

この広い範囲に及ぶ残虐行為の性質を考えると、指揮の責任者がその行為を認識していた、または少なくとも特定の事例について知り得る情報を受け取るのを意図的に避けていたという結論にしかなり得ません。さらに、昭和天皇が慰安所で大規模に虐待が行なわれていたことを知っていた、または知り得る状況にあったかにかかわらず、天皇は「慰安婦」制度を止める義務を負っていました。

裁判官らは、昭和天皇が単なる象徴的な指導者であったという考えを断固として却下しました。さまざまな専門家から法廷に提出された証拠、および昭和天皇の弟（三笠宮）の証言により、昭和天皇はさまざまな軍の指導者から起こっていたことについて報告を受けていたことが2000年に明らかになっています。昭和天皇が、日本軍の振る舞いが外国メディアによってどのように報道されているかを懸念していたのはよく知られています。[*39][*40]

私はこの問題に取り組み続けていますが、どうして日本の政治家や解説者が「慰安婦」制度について国家の責任を否定し続けられるのか、私にはまったく理解できません。数々の国の女性たちを拘置し、そのために軍の兵士が建物の建設にあたり、女性たちを国から国へと移送するという大規模な制度を個人が行なったことだと信じる人がいるのはあり得ません。どうすれば軍と関連のない制度が、特定の日時が各軍の階級に割り当てられたり、健康診断の必要性を説いたり、各兵士に科される料金を設定したりする軍規則に入れられるのでしょうか。「慰安婦」制度を設置し維持する労力の膨大さは、連合国にも明白でした。連合国の報告書にある女性についての表現は批判に値するものの、「慰安婦」制度について情報を収集する必要があると連合国側が考えたという事実が、これが日本の戦争努力にどれだけ不可欠だったかを示しています。[*41] 裁判官らは以下のように述べています。

緊急性、規模の大きさ、兵站業務の複雑さ、費用、また、この過程のあらゆる段階に最高レベルの政府官僚と軍高官が関わっていたという私たちの認定から、天皇裕仁が「慰安制度」の存在を知らなかった、あるいはこの行為に抗議する能力をもたなかったと信じることは不可能である。[*42]

おわりに

最後に、ほんの小さなことでもいいので、皆さん一人ひとりが、女性が平等を得るために続いている闘いに関わるよう呼びかけたいと思います。これには、性暴力から解き放たれるという少女と女性の権利を含まれます。#MeToo運動に関わることかもしれませんし、BLM運動もしくはそれに似た人権を促進する草の根運動に関わることかもしれません。あるいは、「慰安婦」に対する犯罪を認め、その責任に真摯に取り組むことを拒否するなど、人権を守る義務を怠っている日本の責任を追及し続ける運動に加わることかもしれません。不正義を公然と非難することが、「慰安婦」との連帯を示す一番の方法なのです。

ありがとうございました。

（翻訳：メリ・ジョイス、岩崎由美子）

※見出しは編集委員会がつけました。

＊1　Tina Dolgopol ,'A role for the Rome Statute system in gender-focused reform of criminal laws and procedures in the Pacific Islands', (2012) 18(2)Australian Journal of Human Rights 109-137.

＊2　For a discussion of the International Military Tribunal for the Far East and the Class B trials held by the Allies see Yuki Tanaka, Tim McCormack and Gerry Simpson,（編集者）Beyond Victor's Justice? The Tokyo War Crimes Trial Revisited (Martinus Nijhoff Publishers 2011).

＊3　Kaitlyn Mendes, Jessica Ringrose, Jessalynn Keller, '#MeToo and the promise and pitfalls of challenging rape culture through digital feminist activism', (2018) 25(2) European Journal of Women's Studies 236-246 at 237-38（訳註：前者は該当箇所、後者は論文自体のページ）.

＊4　前掲

＊5　Ustinia Dolgopol and Snehal Paranjape, Comfort Women, an Unfinished Ordeal (ICJ 1994).「日本と韓国の研究者らは1980年代後半以前から、日本軍「慰安婦」制度を認知していたが、「慰安婦」被害女性の奮闘は韓国の民主化を待たざるを得なかった。」See（訳註参照の意）Christine Lévy, 'Le Tribunal international des femmes de Tokyo en 2000. Une réponse féministe au révisionnisme?' (2014) Clio: Femmes, Genre, Histoire , No. 39, Les lois genrées de la guerre, pp. 129-150 at 132-32.

＊6　Camille Gibson, Shannon Davenport, Tina Fowler, Collette B. Harris, Melanie Prudhomme, Serita Whiting and Sherri Simmons-Horton, 'Understanding the 2017 "Me Too" Movement's Timing', (2019) 43(2) Humanity &Society 217 at 219.

＊7　Celebrating Four Years of Black Lives Matter, report available at:（訳註：以下のURLから参照可能の意）https://drive.google.com/file/d/0B0pJEXffvS0uOHdJREJnZ2JJYTA/view.

＊8　前掲28頁

＊9　Celebrating Four Years of Black Lives Matter at 8.

＊10　Russell Rickford, 'Black Lives Matter: Toward a Modern Practice of Mass Struggle', (2015) Vol. 25(1) New Labor Forum 34-42.

＊11　国際法律会員会は、「慰安婦」制度にかんして、Ustinia Dolgopol and Snehal Paranjape, Comfort Women, an Unfinished Ordeal (ICJ 1994) にて重要な報告を発表した。この発表は、国際メディア上で広く注目を集め、国連の代表2名が重要報告を受け取り、日本の「慰安婦」に対する責任を受け止めることを求めた。(Report of the Special Rapporteur on violence against women, its causes and consequences, Ms. Radhika Coomaraswamy, Report on the mission to the Democratic People's Republic of Korea, the Republic of Korea and Japan on the issue of military sexual slavery in wartime, E/CN.4/1996/53/Add.1; Final Report submitted by Ms Gay J. McDougall, Rapporteur, Systematic rape, sexual slavery and slavery-like practices during armed conflict, Appendix: An analysis of the legal liability of the Government of Japan for "comfort women stations" established during the Second World War, E/CN.4/Sub.2/1998/13) そして、国際労働機関

は日本政府に対して十分な賠償をすることを求め始めた。アクテブ・ミュージアム「女たちの戦争と平和資料館」は、これらの文書に言及した。加えて、赤十字国際委員会とその支部により、武力紛争下での性暴力問題を扱うさまざまなイベントにて、多くの被害女性が発言した。これらはアムネスティ・インターナショナルにおいても同様である。

＊12　アクティブ・ミュージアム「女たちの戦争と平和資料館」は、多様な解決策の包括的リストを掲載している。https://wam-peace.org/en/ianfu-mondai

＊13　国際法律委員会の報告（Ustinia Dolgopol and Snehal Paranjape, 前掲）は非常に多くのメディアの注目を集め、国連人権委員会の報告においても広範囲にわたって参照された。(Report of the Special Rapporteur on violence against women, its causes and consequences, Ms. Radhika Coomaraswamy, Report on the mission to the Democratic People's Republic of Korea, the Republic of Korea and Japan on the issue of military sexual slavery in wartime, E/CN.4/1996/53/Add.1.)　国連差別防止・少数者保護小委員会においても同様。(Final Report submitted by Ms Gay J. McDougall, Special Rapporteur, Systematic rape, sexual slavery and slavery-like practices during armed conflict, 付録：Appendix: An analysis of the legal liability of the Government of Japan for "comfort women stations" established during the Second World War, E/CN.4/Sub.2/1998/13)

＊14　「戦争と女性への暴力国際会議」東京、１９９７年11月

＊15　Craig Borowiak, 'The World Tribunal on Iraq: Citizens' Tribunals and the Struggle for Accountability', (2008) 30(2) New Political Science 161.

＊16　San Francisco Treaty of Peace, 136 UNTS 45, Article 11.

＊17　Gabrielle Simm and Andrew Byrnes, 'International Peoples 'Tribunals in Asia: Political Theatre, Juridical Farce, or Meaningful Intervention?', (2014)4 Asian Journal of International Law 103, at 104.

＊18　Craig Borowiak, 前掲．

＊19　Simm and Byrnes, 'International Peoples' Tribunals', 前掲 103頁．

＊20　Borowiak, 'The World Tribunal on Iraq, 前掲 162-165頁．

＊21　Andrew Byrnes and Gabrielle Simm, 'Peoples' Tribunals, International Law and the Use of Force', (2013) UNSW Law Journal, 711 at 726-27.

＊22　Craig Borowiak, supra; Ayça Çubukçu, 'On Cosmopolitan Occupations', (2011)13 (3) Interventions: International Journal of Postcolonial Studies 422.

＊23　イランの法廷に関する情報 http://www.irantribunal.com/index.php/en/30-about-us/373-about-iran-tribunal

・Crime and Impunity, Sexual Torture of Women in Islamic Republic Prisons (Justice for Iran 2012).

＊24　Pardis Shafafi, 'The Iran Tribunal: defying international silence, Open Democracy, available at: https://www.opendemocracy.net/opensecurity-projects/states-of-impunity#Peoples-Tribunals

＊25　Nicola Henry, 'Memory of an Injustice: the "Comfort Women" and the Legacy of the Tokyo Trial', (2013) 37 (3) Asian Studies Review 362.

＊26　The Prosecutors and the Peoples of the Asia-Pacific Region v Hirohito et al and the Government of Japan (PT 2000-1-T) (corrected31 January 2001) available at: http://www1.jca.apc.org/vaww-net-japan/english/womenstribunal2000/Judgement.pdf. at paras 63-74.

＊27　「陸戦ノ法規慣例ニ関スル条約」（１９０７）、「婦人及児童ノ売買禁止ニ関スル国際条約」（１９２１）、ジュネーブ条約（１９２９）、「強制労働、奴隷、性奴隷に関する国際労働機関の条約」（１９３０）、反差別に焦点をあてた規範。それぞれの条約、協定、規範は判決の９１４～９２９項にて言及されている。The Prosecutors and the Peoples of the Asia-Pacific Region v Hirohito et al and the Government of Japan (PT 2000-1-T).

＊28　J The Prosecutors and the Peoples of the Asia-Pacific Region v Hirohito et al and the Government of Japan (PT 2000-1-T) supra at para 934　（訳註：前掲、９３４段落の意）

＊29　The Prosecutors and the Peoples of the Asia-Pacific Region v Hirohito et al and the Government of Japan (PT 2000-1-T) supra at para942

＊30　The Prosecutors and the Peoples of the Asia-Pacific Region v Hirohito et al and the Government of Japan (PT 2000-1-T) supra at para 952.

＊31　Rome Statute of the International Criminal Court,1998/07/17 署名 , 2002/07/01 施行 , 2187 UNTS 90.

＊32　Protocol Additional to the Geneva Conventions of12 August 1949, and relating to the Protection of Victims of International Armed Conflicts (Protocol 1), 施行 : 1979/12/07

＊33　Rashida Manjoo, Special Rapporteur on violence against women, its causes and consequences, A/HRC/14/22 (23 April 2010) at para 25.

＊34　Id（訳註：同著者の意）at para 25.　See also, Judith Gardam, Michelle Jarvis, 'Women and Armed Conflict: The International Response to the Beijing Platform for Action, (2000-2001) 32 Colum. Hum Rts. L. Rev 1

＊35　Rashida Manjoo, Special Rapporteur on violence against women at para 50.

＊36　ここでピノチェトのケース(R v Bow Street Stipendiary Magistrate and ors ex p Pinochet Urgarte (No 3) [1999] UKHL 17; [1999]2　WLR 827 (HL) [Pinochet No 3])を参照したい。このケースは、拷問的行為が国家元首の公的機能にはなり得ないことを確認し、国際法の分野において大変な貢献をした。これは、拷問的行為などに対して、国家元首の免責を主張できないことを必然的に意味する。また、裁判が行われるまでに、ローマ規定が採択され、法廷の管轄内において、国家元首であるという地位が誰かを犯罪で裁判にかける裁判所の能力とは無関係であることを明確にする規定が含まれていた。（第７条）また、司令官と上官は、戦争犯罪や人道に対する罪が犯されていることを知っていた、あるいは知っていたはずの軍隊を管理できなかったために、裁判にかけられることも明らかにした。（第

28条)

＊37 The Prosecutors and the Peoples of the Asia-Pacific Region v Hirohito et al and the Government of Japan (PT 2000-1-T) supra at para 782.

＊38 The Prosecutors and the Peoples of the Asia-Pacific Region v Hirohito et al and the Government of Japan (PT 2000-1-T) supra at para 794.

＊39 The Prosecutors and the Peoples of the Asia-Pacific Region v Hirohito et al and the Government of Japan (PT 2000-1-T) supra at para 823.

＊40 裁判官は引用していないが、極東国際軍事裁判の証拠には、南京安全区国際委員会のメンバーである中国に住む外国人からの、中国の女性のレイプに関する情報資料が含まれていた。この情報は東京の外務省に伝えられていた。Timothy Brook, The Tokyo Judgement and the Rape of Nanking, (2001)60 (3) The Journal of Asian Studies 673 at 683. 外務省東亜局長の石射猪太郎が南京安全区国際委員会から情報を受け取っていたとする、判決の823頁を参照。猪太郎は極東国際軍事裁判の前に裁かれている。

＊41 「慰安婦」制度の広範な特徴を説明する連合国の文書の簡単な概要は、Ustinia Dolgopol, 'Knowledge and responsibility: The Ongoing Consequences of Failing to give Sufficient Attention to the Crimes against the Comfort Women in the Tokyo Trial' in Yuki Tanaka, Tim McCormack and Gerry Simpson (eds.), Beyond Victor's Justice? The Tokyo War Crimes Trial Revisited (Martinus Nijhoff, 2011) 252–54; see also The Prosecutors and the Peoples of the Asia-Pacific Region v Hirohito et al and the Government of Japan (PT 2000-1-T) supra at para, paras. 99–108. に記載されている。

＊42 The Prosecutors and the Peoples of the Asia-Pacific Region v Hirohito et al and the Government of Japan (PT 2000-1-T) supra at para 830.

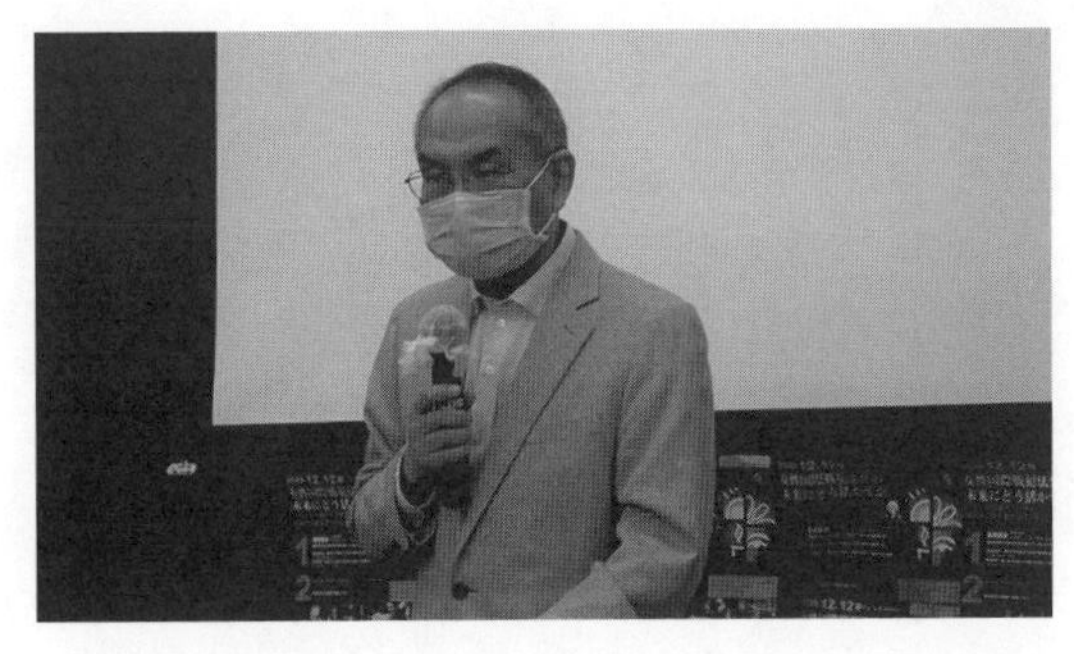

女性法廷から日本の植民地主義を問い直す

阿部浩己（女性国際戦犯法廷・元日本検事団／明治学院大学国際学部教授）

はじめに

日本にあって植民地主義を論ずる際に参照すべき書物の一つ『植民地責任論』の序章において、同書の編著者である永原陽子は次のような認識を示している。[*1]

> 1990年代以来、奴隷貿易や奴隷制、また植民地主義の過去に関する責任を問い、謝罪や償いを求める動きは世界の各地で顕著になってきている。……
>
> 植民地主義の過去にかかわる謝罪や償いと言えば、我が国では第二次世界大戦中、日本軍によって「慰安婦」にさせられた女性たちに関する一連の議論や、強制労働に従事させられた朝鮮人や中国人による訴訟などがただちに想起される。それらは従来「戦争責任論」のなかで論じられてきたが、「慰安婦」制度が植民地支配（および占領支配）と密接不可分の関係にある性奴隷制であり、また植民地出身者の強制労働が奴隷労働であるという意味で、これらは植民地主義や奴隷制の過去に対する責任の問題とも重なっている。

宋連玉（ソンヨノク）も言うように、「植民地支配を受けた台湾や朝鮮からすると15年戦争ではなく、日清戦争の始まった年から数えると50年戦争」であり、「国家権力（政府・軍・警察）が売春業者を使って兵士に買春を奨励・強要・保証するシステムは近代日本帝国とともに生まれ、帝国の膨張、軍備拡張とともに整備されていった」[*2]ことは歴として疑いない。

金学順（キムハクスン）らを原告とするアジア・太平洋戦争韓国人犠牲者補償請求事件をはじめ、日本の加害責任を追求した一連の戦後補償裁判の訴状でも、個別の被害事実の前提として、侵略戦争をさらに遡る日本の植民地支配の責任がまずもって語られることが少なくなかった。「日本軍性奴隷制を裁く女性国際戦犯法廷」（以下、「法廷」）の共通起訴状も同様であり、「背景となる事実」に次のように認（したた）められている。[*3]

> 19世紀末から20世紀半ばまで、日本政府は北アジアと東南アジアで拡張主義政策を追求し、その結果、アジア・太平洋戦争と1945年の日本の無条件降伏をもたらした。日本は1895年に台湾を植民地とし、その後、1905年に朝鮮を支配下に収めた。1931年に日本は満洲を侵略、1932年に上海、1937年に南京を

攻略した。……１９３７年から１９４５年までの、この起訴状が扱う時期全般にわたって、日本が占領し植民地化し支配したアジアの国々から、推定何万人もの女性たちが、日本政府によって承認された「慰安所」において軍性奴隷として働くことを強制されたのである。

「法廷」は、判決文が記すように、[*4] 極東国際軍事裁判とそれに続くアジア太平洋各地で開廷された軍事裁判の「再開または継続」と位置付けられた。「慰安婦」制度について被告人の責任を追及しなかった裁判の審理を改めてやり直すということである。ただし、単なる延長というわけではない。植民地への関心を封じ込め、「慰安婦」制度について沈黙を強いた法の認識枠組み（国家中心主義、男性中心主義、植民地主義、人種主義等）が抜本的に紡ぎ直されてもいる。

実際のところ、裁き得る法的根拠がそこにあっても、裁くべき事実がそこにあっても、それらを可視化できる肝心の認識枠組みがなければ、法は看過され、事実も認定されぬままに放擲されてしまう。学問知や司法のあり方を支えてきた強者優先の構造を批判的に照射した「法廷」の営為は、日本軍性奴隷制に抜きがたく埋め込まれた日本の植民地主義／帝国主義の位相を抉出し、世界各地で本格的に告発され始めた植民地支配責任に法の射程を延伸する貴重な契機を押し広げるものともなった。

1　「文明化の使命」と二分法構造

19世紀にその形姿を整えた国際法は、欧米なるものを「文明」の標準ととらえ、その世界化を使命としていた。「文明化の使命civilizing mission」と呼ばれるものである。[*5] アジア、アフリカにまたがる広大な植民地支配に「倫理の霧」を吹きかけたのも、文明化言説にほかならない。日本は、欧米発の国際法を東アジアにあっていち早く吸収し、この地域に行き渡っていた華夷秩序を内側から破砕する植民地主義／帝国主義的行動に突き進んでいった。植民地支配が近代化に資する善行であるとの認識（＝倫理の霧）は、15年に及んだ日韓国交正常化過程における日本側の発言（「日本の36年間の統治は朝鮮にとって恩恵であった」）に端的に表出していたことが想起されよう。

共通起訴状も判決も触れてはいないが、日本の植民地支配を論ずる場合には、１８７９年の琉球王国併合を欠かすことはできない。国際法上の国家としての要件を整え、欧米諸国と条約も締結していた同国を、日本は、「琉球処分 Ryukyu Disposition」という名の下、武力を背景に国際法上の根拠なく一方的に自国に編入した。1898年の米国による不法なハワイ王国併合と相似形をなす出来事であり、1910年の韓国併合を彷彿させるものでもあった。琉球王国は以後沖縄県となり、北海道と改称されたアイヌモシリと並び、日本の内なる植民地となって今日に至るのだが、「慰安婦」問題に関わって沖縄にむき出しにされた差別意識は、浦崎成子「沖縄戦と軍「慰安婦」」に、次のように集約的に描き出されている。*6

すでに、日本軍は、各部隊専用の「慰安婦団」「携行兵器」を、「兵站の一分隊」として中国から連行して軍慰安所をもってはいた。しかし、なお「不足」しているので、軍命で「慰安婦」徴発を迫ったのである。日本軍の人・物資の「現地自活」「現地調達」の徴発方式は、朝鮮、中国で成功しており、「沖縄防衛のために来た軍に対して、協力は当然だ」という現地皇軍の大儀名分が沖縄女性の徴発の強行を可能にした。占領地と同じ意識のもとに大量の慰安所が設置されたのである。

ここには、まぎれもない植民地主義と人種差別の位相が（性差別と複合して）浮き出ているのだが、国際法は強国に有利に作用する二分法構造を幾重にもはりめぐらせることにより、植民地主義の実情を法の暗渠にうずめてしまうものでもあった。それらを列挙すると次のようになる。

第1、国際／国内の二分。韓国の併合がそうであるように、植民地はいったん強国の領域に編入されるや、そこで生じる事態は国際問題ではなく国内問題となり、国際法の関心が及ばぬものとされた。植民地の人間（朝鮮人）は国民（日本人）となり、その処遇に国際法の適用はないとされたのである。

第2、本土／植民地の二分。1921年の「婦人及児童ノ売買禁止ニ関スル国際条約」がそうであるように、締約国（日本）には、条約の適用を本土に限り、植民地への適用を排除することが認められた。

第3、平時／戦時（緊急時）の二分。たとえば強制労働条約2条2には、戦争のような緊急事態の場合には強制労働の禁止は及ばない旨の規定がおかれている。また、戦時に被った個々人の被害については、平和条約という政策決定者間の合意により「一括処理」されてケリがつくとの了解も広められてきた。

第4、現在／過去の二分。過去の出来事は、いかに重大であれ、現在の基準をもって評価することは法の遡求適用であって許されないとされた。こうした二分法を支えているのが単線的・直線的に組み立てられる国際法の歴史叙述である。過去から未来に向けて国際法はたえざる進歩の軌跡を描いており、植民地支配は過去の一時期に出来した不幸な事象に過ぎず、現在はその歪みを正した公正な国際法秩序が築かれるに至っている、という認識が標準的な国際法学の叙述を通底している。

植民地支配にかかる問題は、重層的に連結されるこうした二分法構造により、国際法の暗渠に深くうずめられてきた。日本軍性奴隷制問題はその典型例でもあった。

2 予示的政治の実践

「法廷」の営みは、起訴状がそうであり判決がそうであるように、国際法を歪ませてきた偏頗な二分法構造を脱構築する認識を前面に押し出した。既存の支配的な国際法観を無批判に前提とするリアリズム的手法とは異なる一方で、法の新たな作出や遡求適用といった革命的営為を断行したわけでもない。そうではなくて、実際にあり得た法のありようを解釈規則に従って裁判の場に粛然と出来させる「予示的政治（prefigurative politics）」の実践と言うにふさわしいものであった。*7

二分法構造により不可視の領域におかれていた植民地主義の実情に国際法の光を当てるべく、「法廷」は様々な法解釈を駆使するのだが、その中でとりわけて強い力を発揮したのが人道に対する犯罪と奴隷制という2つの法概念である。「法廷」は、これらの法概念の本来的可能性を意欲的に引き出し、日本（軍人）の法的責任を次のように認定する。*8

日本は、国家責任の伝統的な原則は外国人に対する国際違法行為に基づくことを理由として、日本人、朝鮮人、台湾人女性についての責任を否定しようとしてきた。植民地の人間である朝鮮人や台湾人はこの保護の下には入らないというのである。

しかし、共通起訴状についての判決で検討したように、人道に対する罪の概念は、この基本原則を、その民間人が自国民であるか、まさに植民地の人間であるかを問わず、いかなる人間に対する損害にも拡大した。この責任の原則は従って、交戦国が自国民に対して行った人道に対する罪にも及ぶ。よって日本は、そうした国際違法行為が植民地の人間と自国民のいずれに対して行われたかを問わず、その責任を免れない。
加えて、国際犯罪としての奴隷制は、戦争法に基づくのみならず、起訴された犯罪が行われた時点の戦争とは独立に、国際違法行為を構成した。私たちは、日本は「加害行為が行われた当時の朝鮮半島［および台湾］の領土的地位のいかんにかかわらず」国際慣習法に違反し、「その結果これらの規範は、占領地の民間人であったか否かにかかわらず、朝鮮人［および台湾人］女性にも等しく適用される」という……結論に賛成する。

ここでは、侵略戦争中の行為と重なるとはいえ、戦争犯罪あるいは戦争責任を超え出た植民地支配下における犯罪行為への責任が同定されている。このように、国際法の二分法構造を超えて植民地支配下での個別の行為に法の射程を延伸する言説は近年になって世界各地で顕現しており（奴隷貿易等に対する法的責任の追及など）、植民地主義の清算に向けた現代的潮流の現れを見て取ることができる。[9]「法廷」の営みも、そこに連なるものであった。

他方で、植民地支配そのものについての責任に「法廷」の判断は踏み込んではいない。そもそも踏み込む必要がなかったからでもあるが、おそらく、現代社会が植民地主義と対峙する先には、植民地支配下で重ねられた個別の不正義に人道に対する犯罪や奴隷制といった法概念を延伸していくだけでなく、植民地支配そのものの法的責任を見定めることも欠かせなくなるに相違あるまい。

すでに１９４３年11月のカイロ宣言において、米中ロの「３大国は、朝鮮の人民の奴隷状態に留意し、やがて朝鮮を自由独立のものにする決意を有する」との見解を表明していたが、ここでは植民地支配それ自体が違法な奴隷状態になぞらえて捉えられている。また、国連国際法委員会でも、結局は潰えたとはいえ、「人類の平和と安全に対する犯罪法典草案」（１９９６年）を審議する過程で犯罪の一類型案に「植民地支配その他の形態の外国の支配」が含まれていた。[10] 同草案の起草段階にあって植民地支配は人民の自決権に反するものとされていたのだが、この点に関連して、１８９８年の米国のハワイ王国併合が先住人民の自決権を侵害する国際法違反だったとして、１９９３年の米国両院合同決議により公式の謝罪表明がなされていることにも留意すべきである。[11] このように、植民地支配そのものを法的に評価し直す営為は世界のそこかしこで広がりつつあればならない」と判示した大法院[*13]は、2018年10月・11月に示した2つの判決で、日本の企業に対し元徴用工への損害賠償を命じている。大法院は韓国憲法のみに依拠して植民地支配を違法と判じているが、国際法の観点からも韓国の併合過程、とりわけ1905年の乙巳条約の締結過程に重大な瑕疵（国の代表者に対する強制、批准手続きの欠落）があったことが指摘されてきている。[*14]

他方で、日韓基本条約・日韓請求権協定締結時における日本政府の認識は、植民地支配は合法かつ正当（＝近代化・文明化に資する）というものであった。だが1990年代以降、所属政党のいかんを問わず、歴代首相は植民地支配の不当性を認める見解に転じた。その認識転換は、しかし、安倍晋三政権期に大きく動揺し、2018年の大法院判決に対しても強硬な反発を示すに及んでいる（2018年7月19日外務大臣談話など）。日本軍性奴隷制についても、「法廷」が説示するような植民地支配下での重大な犯罪行為としての認識がどれほど共有されているのかますます疑わしくなっている。

植民地支配にかかる責任意識が政府にあって浮遊したままにあることもあずかって、日本では、朝鮮や中国、沖縄などに向けたむき出しの差別を扇動する言動が社会を覆う

る。

前述のとおり、直線的に進化する軌跡を描き出す支配的な国際法の歴史叙述は、現在と過去を二分する認識を前提にしてきた（その結果、過去の出来事は過去の中に葬られて終わってしまう）。だが、公的アリーナに召喚されるマイノリティ（歴史的弱者）の記憶は、人権言説を基軸に複線的な国際法の歴史叙述を促し、過去の被害を現在に連結させて定位するtrans-temporal justiceの射程を押し広げている。[*12]歴史の中に放置されてきた〈他者〉の記憶が現代社会のありようを漸進的に変え始めている中にあって、強者優先の下に免責されてきた植民地支配責任に法の関心が寄せられ始めているのは必然の成り行きと言うべき事象である。

3　日本の植民地主義の現在

東アジアにあってそれを象徴する司法判断が、2012年5月24日の韓国大法院判決であった。「日帝強占期の日本の韓半島支配は規範的観点から不法な強占に過ぎず、日本の不法な支配による法律関係のうち、大韓民国の憲法精神と両立しえないものはその効力が排斥されると解さなけ

ようになっている。国際人権諸機関からの度重なる警告や勧告も背景に、不十分ではあれヘイトスピーチを規制する法律が制定され、これを補完する地方自治体の取り組みも少しく進んではいる。だが看過できないのは、市民の言動を規制する一方で、国家による制度的差別そのものが放置されたままにあることである。具体的には、「高校授業料無償化」の対象から朝鮮学校が狙い撃ちされて排除されたままにあることが指摘される。法令のみならず裁判判決にあっても、朝鮮学校にかかる植民地支配責任への関心は著しく希薄なままに推移してきている。

内海愛子は、植民地犯罪、朝鮮・台湾の植民地支配といった「不問に付されてきた過去を問い直す可能性を、法廷は示した」と、「法廷」の意義を高く評価しているが、[*15] 日本軍性奴隷制問題と正面から対峙した「法廷」は、確かに、植民地支配下における重大な不正義を法的に追及する民衆の壮大なチャレンジであった。予示的政治としての「法廷」の思想と実践は、植民地主義に連なる人種差別が社会に蔓延する現在であればこそ、いっそう精細にその内実をたどり直してしかるべきものに相違ない。そしてこれに加うるに、判決から20年ほどを閲（けみ）した今、私たちは、日本の植民地支配それ自体の法的責任と正面から向き合う責務を強く自覚すべき時を迎えているようにも思う。

*1 永原陽子「序 「植民地責任」論とは何か」永原編『「植民地責任」論—脱植民地化の比較史』（青木書店、２００９年）所収、11頁。

*2 宋連玉「第1章 公娼制度から「慰安婦」制度への歴史的展開」VAWW-NET Japan編『「慰安婦」・戦時性暴力の実態Ⅰ 日本・台湾・朝鮮編』（緑風出版、２０００年）所収、26～27頁。

*3 VAWW-NET Japan 編『女性国際戦犯法廷の全記録 Ⅱ』（緑風出版、２００２年）12～13頁。

*4 「検事団およびアジア太平洋地域の民衆対昭和天皇裕仁ほか 判決」第81パラグラフ。判決文の日本語訳は『女性国際戦犯法廷の全記録 Ⅱ』（前掲、注３）による。

*5 阿部浩己『国際法を物語るⅠ』（朝陽会、２０１８年）第2、3章参照。

*6 浦崎成子「沖縄戦と軍「慰安婦」」『「慰安婦」・戦時性暴力の実態Ⅰ』（前掲注２）97頁（傍線は筆者による）。

*7 予示的政治とは、望ましい政治・社会を現実に出来させる積極的行動主義の一形態であり、その要諦は "Be the change you want to see" というフレーズに集約的に表現されている。Hilary Charlesworth, "Prefiguring Feminist Judgment in International Law", in Loveday Hodson & Troy Lavers (eds.), *Feminist Judgments in International Law* (Hart Publishing, 2019), pp. 479-480. 個々人（が被った危害）に焦点をあて、問題の交差性／複合性を踏まえたうえで、二分法構造を脱構築し、国際法の適用可能性を押し広げた「法廷」の営為には、とりわけてフェミニスト理論・手法の影響が現れている。See Zoi Aliozi, Berenice K. Shramm & Ekaterina Yahyaoui Krivenko, "Germany v.

Italy", in Hodson & Lavers (eds.), id., p.123.

＊8　判決、第911～913パラグラフ。

＊9　たとえば、永原編著（前掲注1）所収の諸論文参照。See also, Stiina Löytömaki, *Law and the Politics of Memory: Confronting the Past* (Routledge, 2014); Andreas Buster, "Colonial Injustices and the Law of State Responsibility: The CARICOM Claim to Compensate Slavery and the (Native) Genocide ", *Heidelberg Journal of International Law*, Vol.77 (2017) p. 413.

＊10　前田朗「植民地支配犯罪論の再検討――国際法における議論と民衆の法形成」『法律時報』87巻10号（2015年）35～39頁。

＊11　John Van Dyke, "Reconciliation between Korea and Japan", *Chinese Journal of International Law*, Vol.5 (2006) pp.223-225.

＊12　Kohki Abe, "International Law as Memorial Sites: The 'Comfort Women' Lawsuits Revisited", *Korean Journal of International and Comparative Law*, Vol.1 (2013) , pp. 174-175. See also, Löytömaki, n 9, p.125.

＊13　三菱事件大法院第一部判決、2012年5月24日判決宣告。日本弁護士連合会による日本語訳を参照。https://www.nichibenren.or.jp/library/ja/kokusai/humanrights_library/sengohosho/saibanrei_04_1.pdf.

＊14　広瀬善男「国際法から見た日韓併合と竹島の領有権」『明治学院大学法学部40周年記念論文集』（2007年）286頁。ただし、広瀬は、乙巳条約の無効性を認めつつも、戦争自由の基本的国際法観念に支配されていた当時、韓国の植民地化を全体として無効であったとまでは言えないと結論している。

＊15　内海愛子「女性国際戦犯法廷は何を再審したのか――二つの「憲章」を読む」VAWW-NET Japan編『女性国際戦犯法廷の全記録［Ⅰ］』（緑風出版、2002年）所収、339頁。

女性法廷から性暴力を処罰した韓国# MeToo運動へ

李娜榮（イ・ナヨン　日本軍性奴隷制問題解決のための正義記憶連帯理事長、中央大学社会学科教授）

はじめに

女性国際戦犯法廷（以下、女性法廷）の最終判決文は、法廷の背景を次のように摘示した。

「本法廷の決定は、性暴力犯罪の適切な責任帰属、即ち責任を性暴力犯罪の被害者ではなく加害者に問うものであり、そうすることで現代社会において依然と女性を隷属させている性的固定観念の蔓延を正すことに貢献しようとするものである。」

そうであるなら、韓国ではこうした女性法廷の教訓をどのように受けとめ、共鳴し、実践してきたのか。性暴力加害者の処罰と被害者保護および名誉回復、性別固定観念の根といえる性差別的構造とどのように闘ってきたのか。具体的にどのような活動を通じて文化変革を成し遂げようとしたのか。

本稿は2000年以降、進捗した性暴力関連運動と実践、法制化の様相を韓国女性運動史の観点から振り返るものだ。前例のない世界的規模の運動の土台作りからそれを育て連帯しつつ、その精神を継承してきた韓国女性たちの実践を思い起こし、日本軍性奴隷制問題解決運動が積み上げてきた歴史を振り返りながら、今後の方向性についても述べてみたい。

1　前史：2000年以前、韓国の進歩系女性運動の成長と女性人権意識の再考

周知のとおり、1980年代フェミニズムの発展とともに歩んだ韓国進歩系女性運動の成長は、日本軍性奴隷制問題解決運動の主要なエネルギーとなった。[*1] 1990年11月16日、韓国教会女性連合会、挺身隊研究会、韓国女性団体連合など37の女性運動団体と多様な市民、宗教、学生団体が参加して結成された韓国挺身隊問題対策協議会（以下、挺対協）は、事実上1980年代民主化運動の熱気の下で急速に成長した進歩系女性運動の核心的な人材が主軸となった（李効再（イヒョジェ）、李美卿（イミギョン）、池銀姫（チウニ）など）。植民地における民族差別、階級問題、性差別に対する複合的な認識を元に胎動した日本軍性奴隷制問題解決運動は事実上、女性の人権向上のため認識変化と構造変革を推進した韓国女性運動とフェミニズムの成長があったからこそ可能であった。

とくに性暴力と家庭暴力（以下、DV）事件、これによる被害者殺害事件および被害者による加害者殺害事

件などに積極的に対応・連帯してきた韓国女性団体連合（１９８７年設立）、韓国女性民友会（１９８７年設立）、韓国女性労働者会（１９８７年設立）、韓国性暴力相談所（１９９１年設立）は、性暴力に関する文化と社会認識を変え、法と制度をつくる上で大きく貢献した。

１９９４年1月、「性暴力犯罪の処罰および被害者保護等に関する法律」（いわゆる「性暴力特別法」）制定（4月施行）、１９９７年12月31日、「家庭暴力防止および被害者保護等に関する法律」制定（１９９８年7月1日実施）が実現した。１９９８年12月には「男女雇用平等法」改正により、間接差別禁止と職場のセクシュアル・ハラスメントにおいて事業主の責任が初めて明示され、１９９９年7月1日には「男女差別禁止および救済に関する法律」が制定され、セクシュアル・ハラスメントの定義が公式化され、性差別の一環として捉えられるようになった。それにより韓国社会では「貞操に関する罪」が「性暴力」となり、「女性とフグは3日に一度叩けばうまくなる」といった慣習はDVと命名された。「場を盛り上げるため」日常的に起きていた女性への性的嫌がらせは、職場でのセクシュアル・ハラスメントとして処罰の対象になった。こうした成果は１９９０年代に挺対協運動の急速な成長を推進したのはもちろん、蔑視と冷遇の対象であった性暴力サバイバーたちの話が韓国社会で本格的に共感を得る背景にもなった。これら大部分の女性団体が挺対協と連帯する団体であったことは言うまでもない。

ここには国際女性運動およびグローバル・フェミニズムの成長も関連している。１９９３年に国連が採択した「女性に対する暴力撤廃宣言（Declaration on the Elimination of Violence against Women）」第1条には女性に対する暴力は「私的・公的領域で起こる、女性に対する身体的、性的、もしくは心理的な危害または苦痛となる行為、あるいはそうなる恐れのある行為、さらにそのような行為の威嚇、強制もしくは、いわれのない自由の剥奪など、ジェンダーに基づくあらゆる暴力行為」と定義している。

さらに、１９９５年の第4回北京世界女性大会は、女性に対する暴力を人権の観点からアプローチした重要な転換点になった。３つ目の行動綱領に日本軍「慰安婦」問題と「買春観光」が含まれた点には、韓国の進歩系女性運動団体の地道な活動と要求が大きな役割を果たした。時を同じくして民主化運動以降変化した政治構造のなかで、韓国政府は北京世界女性大会後、ジェンダー主流化（gender mainstreaming）政策を打ち出し、フェミニスト陣営と友好的な関係が形成された。実際に金大中(キムデジュン)政府（1998～2003）の時期はアジア通貨危機という危機的な状況にもかかわらず、以前とは異なり女性の人権関連法が迅速に制・改定された。女性の人権認識および女性運動と共に成長した挺対協は「アジア連帯会議」など活発な国内外の連帯活動を通じ、ついに2000年に女性法廷を東京で開催することになった。

<表1> 金大中政府で進められた主なジェンダー関連法案と設置機構

金大中政府 (国民の政府)	1997 年 12 月	家庭暴力特別法制定
	1998 年 1 月	大統領直属女性特別委員会設置
	1998 年 2 月	女性発展基本法改定
	1999 年 2 月	男女差別禁止および救済に関する法律制定
	1999 年 2 月	第 3 回男女雇用平等法改定
	2001 年 1 月	独立部署として女性部設置 . 保健福祉部から家庭暴力・性暴力被害者保護および売春行為等防止、日帝下日本軍慰安婦に対する生活安定支援に関する事務を移管される
	2002 年	「第 2 回女性政策基本計画 (2003 ～ 2007)」に戸主制廃止 , 夫婦財産制など含める

2　2000年代以降、新自由主義時代のセクシュアリティ認識と法・制度の変化

1990年代末以降に民主政府が続いた（＝金大中・盧武鉉(ノムヒョン)政権）ことで、韓国の進歩系女性運動は、政界で制度的な基盤を築くことに成功した。女性運動の主体が国家機構に直接参加する「フェモクラット」[*2]（femocrats）の登場や、元女性運動家の国会議員が誕生するなど、立法化の過程や政策の形成と執行にも直接影響力を行使できるようになった。そのおかげで、この時期の韓国は、他の国に先駆けジェンダー平等に関する法律と政策、制度を作ることができた。女性省設立（2001）（韓明淑長官）、性売買特別法制定（2004）、戸主制廃止[*3]（2005）などは、国家との協力関係の中で女性運動が成し遂げた代表的な成果と言える。ところが逆説的に、この時期の韓国女性運動は「制度化」論争に巻き込まれ、政府の政策を監視し批判する「急進的な運動精神」を失ったと非難された。[*4]

「反性売買」女性運動

にもかかわらず性暴力をめぐる変化は、この時期さらに

活発化した。家父長的な社会や文化、資本主義の競争論理によって、女性の体と性が利用され統制されることに問題提起してきたフェミニストたちは、2000年以降、特に性産業密集地で立て続けに起きた火災を社会問題として議題化することで、「反性売買」運動に再び火をつけた。「再点火」と言われる理由は、日本が導入した公娼制廃止運動は植民地時代から展開されており、1980年代前半以降、性売買の団体を中心に作られた「性売買問題解決のためのハンソリ（1つの声）会」[*5]（1987年）の活動が続いてはいたが、性売買女性は依然として社会的に最も「蔑視」され、らく印を押された集団として残っていたからである。進歩系運動の内部集会においても、さまざまな理由から大きく注目されることのない領域であった。

このような状況の中で立て続けに起きた「集娼村」（過去の公娼地帯を含め性売買施設が密集している地帯）火災で性売買女性従事者が死亡したことにより、民主化以降も「依然として」ある者は監禁され性売買を強要されているという悲惨な現実を知った女性たちは激しく憤った。2000年の群山（クンサン）大明洞の性売買施設火災事件、2001年の釜山（プサン）玩月洞の性売買施設火災事件、2002年の群山開福洞の性売買施設火災事件をきっかけに、労働運動と広く連帯した女性運動は共同対策委員会を結成し、女性への性暴力や人権侵害の観点から、本格的に性売買を議題化した。女性の人権保護はもちろんのこと、広範囲におよぶ社会認識の改善と法制定運動が同時進行で進められ、盧武鉉政府（2003～2008）と池銀姫女性家族省長官、女性初の法務省長官である康錦実（カングムシル）の誕生といった絶妙な時代背景と相まって、運動そのものに大きな動力が形成された。

性売買に関する新たな問題意識と集合的な運動を通じた社会的共鳴は、まさに2004年「性売買特別法」（被害者保護法と加害者処罰法で構成。以下、性特法）制定という成果につながった。性特法の最大の意義は「淪落行為等防止法」（1961年制定）で、40年以上も使用されてきた「淪落」（「倫理的に堕落した女性」を主に指す。淪落女は存在するが、淪落男という用語と非難は不在）という用語に代わり「性売買」という単語が法律的な公式用語として採択され、「淪落女性」を「性売買被害者」と規定して保護対象に位置づけ、性売買を三者構図に設定することで買春者と斡旋者に対する処罰を強化した点にある。何よりも性売買が個人の問題ではなく、ジェンダー不平等につながる社会構造的な問題であると認識し、被害者支援と性売買防止のため国家的責任を付与したという点が重要だ。女性たちの広範囲な連帯運動は法律制定を超え「性売買問題解決のための全国連帯」の成立（２００４）につながり、〔性売買経験〕当事者たちの組織ムンチ結成にも決定的な貢献をすることになる。これらは、自発／強制の二分法、性搾取の被害者が犯罪者になる矛盾など、現行性特法の限界を粘り強く指摘し続け、法の制・改定運動のみならず、現場の女性たちの人権保護にも力を尽くしている。

性暴力関連法・制度改革

性暴力に関連した法・制度改革と社会的認識を再考するための活動も続いた。１９９４年に制定された「性暴力特別法」（「性暴力防止および被害者保護等に関する法律」、「性暴力犯罪の処罰等に関する法律」で構成）は、２０１３年６月に新たに改正され、その間、女性団体の長年の宿願であった親告罪（被害者の直接告訴が必要）廃止や、強かんの客体を「婦女」から「人」に変更させる方策などが反映された。

アジア通貨危機〔１９９７年〕以降、本格化した新自由主義経済体制がさらに加速し、あらゆるものが個人間の競争と可視的な成果によって判断される社会構造が確立されていく中、「通り魔殺人事件」と児童に対する性暴力殺人事件が立て続けに発生すると、「絶望犯罪」と「ジェンダー暴力」を関連づける理論的な作業も試みられた。特に李明博（イミョンバク）政府当時、連続的に発生した事件に対応していた韓国の進歩系女性運動は、女連を中心に「『通り魔』犯罪と女性に対する暴力に関する緊急討論会」（２０１２）を開催し、ジェンダー暴力の深刻さを社会に喚起する活動を活発に続けた。

女性の社会進出とミソジニー言説

一方で２０００年代は、いわゆる若い女性たちの躍進が際立った時期でもある。２００５年から女性の大学進学率が男性を上回り（２００５年：男性73・2％、女性73・6％）、外交考試（外交官試験）や行政考試など、いわゆる「国家高位公務員試験」の合格率が男性を超えたのはもちろん、公務員領域全般に女性の進出が目立ち始めた。[*6] これに対し、当時の女性部は「若い女性たちの学業と社会進出は鼓舞的」と評価し、企業においても優秀な女性を雇用することを期待すると発言した。上昇する初婚年齢（２０００年：

女性26・5歳、男性29・4歳に比べ、２００８年:女性28・1歳、男性31・1歳）と離婚率、1人世帯の増加と女性世帯主の増加、出生率の低下なども目立ち始めた時期である。

こうした傾向と併せて、学業やリーダーシップなどあらゆる面で男性を上回る成就の欲求と自信を身につけた女性を指す「αガール」、30代以上50代未満の未婚女性のうち高学歴で社会的・経済的に余裕がある階層を意味する「ゴールドミス」など、新造語が流行するようになった。

女性たちの社会的・経済的躍進に対する反動と少子化時代に対する憂慮などから、男性「逆差別」といった言説や女性を非難する言説も台頭するようになる。「虚栄心」から分不相応にブランド品を購入するなど、贅沢に明け暮れる女性を見下した言葉「テンジャン（味噌）女」という用語が生まれたのもこの頃である。「テンジャン女」は、しだいに「男性に依存し自らの消費願望を満たすなど、身の程知らずの行動をする女性全般」を指す言葉として使用範囲が広がった。２０１０年以降は、韓国女性全般を見下した「キムチ女」という用語が広く使われ始める。

同時に性的主体として自我に対する認識再考は、性的快楽と性に関する「開放的」思考を拡大し、「ブティックモーテル」の流行、オンラインでの性的表現の自由に対する関心へとつながっていく。こうした傾向は逆説的に「セックスワーク（性労働）」の言説浮上につながった。即ち、性的自己決定権を侵害する性暴力、強制性に基づいた人身売買は問題であるが、労働する権利、性的関係を選択する権利、性を売る権利として、セックスワークを支持する立場も一方で台頭し始めたのである。

日本軍性奴隷制問題解決運動の新たな展開

こうしたなか、日本軍性奴隷制問題解決運動は新たな方向で若い大衆を引きつけることになる。すでに「女性法廷」の結果として、戦時性暴力と女性の人権侵害という普遍的価値に訴えてきた運動は、性暴力・性売買に関する社会的な認識改善および法・制度改革と相まってコンセンサスを拡大してきた。「平和の少女像」（２０１１）、「ナビ基金」（２０１２）、「戦争と女性の人権博物館」開館（２０１２）など、若い女性たちの欲求を適切に読み取り、記憶と継承の意味を拡大することに成功した。とくに、単なる追悼ではなく、歴史の主体として被害者を記憶しようとする「平和の少女像」は、過去と現在、未来がつながる女性人権のシンボルとして、世界中の人々の脳裏に刻まれるようになった。性的自己決定権を重視する若い女性たちにとって、いつか自ら経験するかもしれない性暴力を想起させ、無力な被害者としてとどまるのではなく、堂々と生き残り被害の事実を告発する主体として理解され、日本軍性奴隷制について本格的に関心を持つ契機となった。もちろん性的主体性や選択の権利を強調する一群の女性たちには、少女像は「純潔」のシンボルとして受けとめられ、拒否感が広るという否定的な側面ももたらした。

２０００年代に入り、「水曜デモ」の変化も大きな転換点となった。水曜デモがトランスナショナルな連帯の場であり、世代間の伝承と教育の場として成長した背景には、多様な色を活用したことで運動イメージが明るく希望に満ちた雰囲気に変わったことも関連している。在米女性研究者Ｓｏｎ（２０１８）は、水曜デモを最初の波（１９９２～２０００年）と2番目の波（２０００年代以降）に分け、その形式と内容を分析した。[*7] 最初の時期は主に「悲しみという枠で喪失（loss）」の感情を伝えたとすると、2番目の時期は「性的・道徳的純粋さの喪失」に転換したものの、被害者をここに閉じ込めることなく、「解放された蝶」のイメージにシンボル化したというものである。前者が「悲しみの政治化」の時期であるなら、後者は「希望と連帯」の時期であり、被害者が新たに「誕生」する時期でもある。

Ｓｏｎはこうした背景に、「黄色」が集会で着用したベストを始め、さまざまな形で現場活用されていることに注目した。「希望と連帯の意識」を高めるため、活動家たちが戦略的に活用した明るい黄色は、現場を訪れた市民たちに、重くない軽やかな気持ちを、沈鬱さよりも生き生きとした感じを伝え、被害者たちの「再生（regeneration）」と新たな人生」を象徴するようになり、水曜デモの雰囲気そのものを変えるきっかけになった。「鬱憤と哀悼」ではなく「希望と連帯」のシンボルになった水曜デモは、若い世代の爆発的な共感につながった。

これに加え、２０００年代半ばから本格的に使用し始めた黄色と紫色の「ナビ（蝶）」のイメージも若い世代の感覚を刺激した。尹美香（ユンミヒャン）（前）正義記憶連帯代表の言葉のように、たとえ当事者たちは亡くなっても、次の世代を通じて、その精神は忘れられることなくこれからも継承され続けるという意味で、戦略的に選んだイメージである。被害者たちの再生は、とどのつまり世代とジェンダー、民族を超え、日本軍性奴隷制問題を明らかにし、これを繰り返さないという市民の意志が実践されるとき、可能になるというものである。黄色が希望と連帯を象徴するならば、紫色は高貴さを象徴する。喜びとエネルギー、はつらつさとした生命の色が黄色なら、紫色は自由と品位に対する自覚と主体性、抵抗と解放を意味する。女性運動と性的マイノリティの運動において、長きにわたり使用されてきた理由でもある。黄色が市民と次の世代を象徴するなら、紫色は被害者を象徴する。挺対協はこの2色を同時に使うことで、被害者と市民たちの間で調和と連帯を追求し「私たちみんなの解放」と、世界の「真の平和」を成し遂げようとしたのである。

若い世代への拡散と伝承は皮肉にも「新自由主義の主体」の誕生によって、従来の女性運動が急進性を失ったとされた、まさにそこで活発に展開された。権利伸長運動や労働運動よりも文化やセクシュアリティに関心がある若い世代は、現代の性売買・性暴力に関する法と認識の変化にあわせて日本軍性奴隷制問題解決運動に本格的に関わり始めたのである。*8

米軍基地村女性との連帯

また、２０１２年「基地村女性人権連帯」の結成もまた意義深く記憶されるべきである。トゥレバンとヘッサル社会福祉会など、既存の米軍基地村の女性人権団体と民主社会のための弁護士会（略称、民弁）の弁護士や個人の研究者が結びついたこの連帯組織は、２００９年5月、吉元玉（キルウォノク）ハルモニが基地村の安亭里（アンジョンリ）ヘッサル社会福祉センターを訪問したことで、最初のボタンがかけられることになった。当時、吉元玉は「私の過ちではない。恥ずべきは女性を搾取した国家」という趣旨の発言をして、米軍基地村の女性たちを鼓舞した。「慰安婦」という用語の使用と「自発的に性を売る女性たち」に対する大衆の反発と非難は変わらなかったが、植民地主義と戦争、帝国主義と軍事主義、家父長文化などが交差して発生する、女性への暴力と性搾取文化の構造的な類似性と連続性を社会に知らしめるきっかけになった事実は否定できない。その後、正義連は金福童（キムボクトン）、吉元玉とともに基地村のハルモニたちと旅行に行くなど、連帯のメッセージを伝え、惜しみない支援を続けており、これに刺激を受けた数人の基地村のハルモニたちが水曜デモに参加し、ナビ基金を後援する仕事を続けるようになった。制度的な違いはあるものの、同じような痛みを経験した女性たちの連帯は互いに成長を続け、ついに国家を相手に損害賠償請求訴訟を行なうに至る。*9名実ともに女性平和人権連帯、ポストコロニアル女性連帯の拡張と言える。

3　積み重なった差別と新たな不正に憤る「若い女性たち」の登場

1990年代後半と2000年代、新自由主義体制の拡大により、しばらく停滞していた集合的女性運動とフェミニズムは、2010年代半ばに再び転換点を迎えた。最大の起爆剤は2016年5月に起きた「江南駅殺人事件」だ。20代の女性が江南駅付近の建物内にあった男女共同トイレで、1人の男性が振り回した刃物によって無残に殺害された。すると、女性たちは「通り魔殺人」ではなく、「女性嫌悪」（ミソジニー）に基づく「女性殺害」であり「フェミサイド」と命名し始めた。事件直後からフェイスブックやツイッターなどSNSのメッセージを通じ「江南駅10番出口、菊1輪とメモ1枚」、「サルヨ（女）ジュセヨ＝助けてください、サラナム（男）アッタ＝生き残った」など、いくつかのメッセージが急速に拡散し始め、江南駅の地下鉄10番出口は花や人形などさまざまな追悼の品々、壁一面おびただしい数の付せん紙で埋め尽くされた。その後、新たに覚醒した「若い」女性たちはさまざまな方法で運動を展開し、フェミニズムの「新たな波」をリードし始めた。[*10]

フェミニズム・リブート台頭の要因

江南駅の追悼デモを主導した「20代の女性」たちは（1990年生まれ）、集団的にいくつか特徴を共有している。まず、韓国の家父長的家族システムの末端世代であり、少子化時代に突入し男児の出産を優先した結果、最もアンバランスな性比率の時代に生まれた人々である（1990年3人目の性比率、女児100人当たり、男児193人、1993年206・6で性比率の不均衡がピークに達した）。生まれた時から「消されるかもしれない」不安を持っていたこの世代は、男性過剰社会が与える脅威を全身で感じながら成長した。[*11]

2つ目、彼女たちは資本主義に浸食されながらも、残存していた家父長システムと新自由主義的秩序という矛盾を同時に体験しながら育った。国家の福祉制度が不十分な状況の中で、男性中心の家族秩序が完全には解体されないまま本格的な少子化時代に突入した。したがって、子どもは「家族階級」の再生産、もしくは「家族福祉」保障の道具として理解された。そのためこの世代は、家族内で性差別をあまり受けておらず、性別とは関係なく親から教育投資を受けた世代でもある。「渡り鳥パパ」（1人国内に残り（海外に留学した家族に）仕送りする父親）、「マネージャーママ」、「ヘリコプター（モンスター）ママ」が勢いを増した理由でもある。個人間の激しい競争文化の中で、親の過剰な関心を受けながら育った彼女たちは、集団よりも個人という主体意識を自然と身につけ、権利侵害や「不公正」に敏感に反応する。

３つ目、同時に彼女たちは新自由主義の市場経済体制下では不安定な労働市場の被害者であり、親世代とは違って自力で身分上昇することは想像すらできず、安定的な未来に対する希望を放棄した世代である。既成世代が経済的、政治的、社会的権利を「独占・寡占」したという批判が出るほど、*12 世代間の希望のはしごがはずされた社会で成人期を迎える。「３放世代（恋愛・結婚・出産を放棄した世代）」、「５放世代（恋愛・結婚・出産・雇用・マイホームを放棄した世代）」など、自嘲気味なフレーズが流行った理由でもある。

４つ目、生まれた時からパソコン、携帯電話、インターネット、ＭＰ３のようなデジタル環境に慣れた「デジタル・ネイティブ」世代だ。幼い頃から日常的にデジタル機器に慣れ親しんだ彼女たちは、世の中で最も速く他人とアクセスする能力を持ち、オンラインとＳＮＳの言説をリードする集団である（Statista2016；李娜榮２０１６）*13。

５つ目、２００８年から9年間続いた「李明博・朴槿恵政権」下で、社会全般の保守化を経験し、「セウォル号事件」*14を目撃した。納得できない死、表現し尽くせない哀悼の思いを抱き、国家権力への不信感が強い集団であることから、自らを「セウォル号世代」と呼ぶこともある。

「２０１５年の国定教科書」事件、「２０１５年日韓『慰安婦』合意」など、保守政権による歴史歪曲と歴史否定に憤り、（朴槿恵政権の退陣を求める）キャンドルを手にした。経済成長期に急激な歴史的後退を経験したのだ。

最後に、20代は１９７０～80年代に民主化運動の主役であった、いわゆる「３８６世代」の子どもたちで、韓国民主主義の発展と進歩的な女性運動の成果という土壌の上で成長した。彼女たちは、法と制度的な側面で目に見える障害物はなくなったと信じられた社会のなかで、実際には積み重なった性差別の構造は依然と変わっておらず、オンラインとオフラインを行き来するミソジニー的文化、わいせつ物と性暴力、性搾取文化を目撃しながら、潜在的な怒りを抱くようになる。たとえば、1999年に開設されたアダルトサイト「ソラネット」は、違法動画、強かん謀議など数度にわたり問題になったにもかかわらず、サーバーが海外にあるという理由で閉鎖されることなく、会員100万人を誇り存在し続けた（『女性新聞』2016年6月2日）[15]。その上、同等だと信じていた大学生活が終盤にさしかかると就職の壁に突き当たり、結婚と出産でキャリアが断絶する状況に陥ることもあった。やっと就職した会社では、昇進差別されることがあり、賃金格差を目の当たりにすることもあった[16]。

経済発展で「既に成就したジェンダー平等」という「錯視現象」と「逆差別」言説が拡散するなか（李娜榮2014）、OECD加盟国の中で最悪の「ガラスの天井」指数[17]など幾度も指摘された性差別的な構造は「母親世代」の話として片づけられてきた。

#Metoo運動の爆発的な広がり

そのため、2018年以降に再び韓国社会を揺さぶった「#MeToo運動」[18]は、とっくに声を上げる準備ができていた多くの女性たちが共鳴した事件であった。分岐点は、徐志賢（ソジヒョン）検事がJTBCの「ニュースルーム」に出演し、安テグン前検察局長のセクシュアル・ハラスメント事件を暴露した2018年1月29日であった。当時、インタビューの席で徐志賢検事は、事件の公表が遅れた理由を明かしつつ、性暴力を暴露した被害者がさらなる被害を受けることなく勤務できなくてはならないと強調した。彼女は「あなたの過ちではない」と自分に言ってあげたかったと語った。権力の上層部にいると思われた検事ですら、「女性」というだけで性暴力の被害にさらされ、問題提起までに8年もかかったという事実は、韓国社会全般を下から大きく揺り動かした。その後、女性たちの被害「暴露」は政界、文化芸術界、学界、宗教界、体育界など全方位に広がった。

これに対応するため各女性団体は「#MeToo運動とともに歩む市民行動」をスタートさせ（2018年3月15日）、SNSで女性市民は被害者とともに歩むという意味の#WithYouで応えた。その間、ささいなこと、当たり前の習慣だと思われていたことが女性への暴力だと自覚した人々は、サバイバー、証言者、他の被害者たちの支持者に変わった。彼女たちは「女性の問題」であると思ったことが実は「男性の問題」であることを指摘し、被害者の資格を問いただした彼らに加害者の普遍性について解き始めた。加害者の処罰と被害者の保護という最も基本的なことすら守られていない国家の責任について、声を大にして主張した。既存の進歩／保守という二分法を超え、自由、民主主義、人権、正義という概念に「依然として」ジェンダーは含まれておらず、韓国は「いまだに皆のための国ではない」と叫ぶことになる。[19] これは、2017～2018年のキャンドルデモ（「キャンドル革命」とも呼ばれる）の主なスローガン「女性に国家はない！」という認識とも関連する。

　このように「2016江南駅殺人事件」や#MeToo運動、「キャンドル革命」を経て身につけた運動感覚と連帯感は、#スクールMeToo、#脱コルセット、#違法撮影〔盗撮〕・不公平で偏った捜査反対デモ（いわゆる恵化（ヘファ）駅デモ）、#反性搾取、#堕胎罪廃止、#4非（非恋愛、非セックス、非婚姻、非出産）、「男性薬物カルテル」糾弾デモ[20]などにつながるエネルギーを提供し、フェミニズムに対する爆発的な社会的関心を喚起した。大変な数のフェミニズム図書の出版と高い販売率、フェミニズム授業と講座に対する大衆的な関心の広がりもこうした背景と連動する。

デジタル性暴力の反対デモの衝撃

とくに2018年にインターネットポータルサイト・ダウム（daum）で開設された〈不都合な勇気〉というカフェ（cafe.daum.net/Hongdaenam）は、約30万人の女性たちが参加した6回のデモを組織・開催しながら、違法撮影の深刻さを社会に強く印象づけることに成功した。[21] 赤い服を着用し手製のピケットを手に持った約1万2千人の女性たちが、恵化駅周辺を埋め尽くし「違法撮影、偏った不公平な捜査反対」を叫んだ1回目のデモの光景は、韓国社会に大きな衝撃をもたらし、その後、違法撮影反対デモは「恵化駅デモ」と呼ばれるようになる。

　彼女たちは、「遊び」「盗撮」もしくは「アダルト動画」と呼ばれ、何の問題意識もなく生産・流通・消費され当然視されてきた男性たちの文化を違法撮影、わいせつ物、デジタル性暴力、[22] 性犯罪として強く認識させることに成功し、法と制度の改革をリードした。その後、数回にわたり関連立法案が国会に上程された。現在の韓国社会のデジタル性犯罪関連法と制度については次の〈表2〉を参考にしてほしい。[23]

<表２> デジタル性犯罪関連法令

類　型	適　用　法　律	
撮影した映像を利用した性暴力	撮影	性暴力処罰法第 14 条 1 項
	流布・再流布	性暴力処罰法第 14 条 1 項 性暴力処罰法第 14 条 2 項 性暴力処罰法第 14 条 3 項 性暴力処罰法第 44 条の 7(再流布)
	流通・消費	性暴力処罰法第 14 条 1 項 情報通信網法第 42 条 情報通信網法第 44 条の 7 児童青少年性保護に関する法律第 17 条 電気通信事業法第 22 条の 3 電気通信事業法第 92 条 電気通信事業法第 104 条
	流布脅迫	刑法第 30 章脅迫の罪
サイバー空間内における性的嫌がらせ		性暴力処罰法第 13 条 情報通信網法第 70 条 刑法名誉毀損罪第 310 条 刑法侮辱罪第 311 条

出典：大韓民国政策ブリーフィング
https://www.korea.kr/special/policyCurationView.do?newsId=148853543

残された課題

もちろんデジタル性犯罪関連の独立法案、ストーカー法や人身売買法の制定など、課題はまだ残っている。憲法に性の平等条項を新設することや、10年以上も後回しになっている包括的な差別禁止法の制定も急がれる。非同意かん通罪の新設、民事上の損害賠償の時効延長、教育基本法の教育理念に性の平等規定を明示、セクシュアル・ハラスメント当事者の範囲拡大（特殊雇用者―文化芸術家、非認可ケアサービス従事者、保険プランナー）、加害者に対する懲罰的な損害賠償請求訴訟制度の設置、セクシュアル・ハラスメントを行なった社主に対する被害者の作業拒否権、労使交渉を通じた救済など、法と制度の整備のみならず、法と現実の間、制度と認識の間の隔たりを縮める努力も至難の業である。２０１９年、憲法裁判所で合憲不一致が決定された堕胎罪も、２０２０年に堕胎罪を存置させる政府案によって再び復活の兆しを見せている。

　フェミニズムと女性運動に対する逆風が強く、「雑音」と「葛藤」が続いているのも事実だ。性差別への抵抗を「男女の葛藤」もしくは「男性嫌悪」と診断し、「過敏な」一部の女性たちの問題、さらには「過激な」フェミニストたちの「騒乱」と考える人々も大勢いる。フェミニスト内部でもさまざまな考え方の違いが本格的に表面化し始めた。２０２０年初めに起きたトランスジェンダーの淑明女子大学への入学をめぐるフェミニズム内部の論争も、その一例だ。男性が一様ではないように、女性もやはり単一の集団ではない。社会学者たちの理論が多様なように、フェミニストもそれぞれの出発点が異なるので、ある意味では当然かもしれない。

にもかかわらず、韓国の若い女性たちは「過去には戻れない」と叫び、くじけることなく前進している。不正の議題を発掘し、創意的な方法で運動を導き、韓国社会を揺るがしている。普遍性、正常性、日常の民主主義とはどんな意味なのかを根本的に問いかけ、性差別的な関係と慣習的な文化、寛容・奨励されてきた行動の数々、これらをはらんだ構造に全面的に挑戦している。存在すら知らない、知ることすらできなかった、想像はできたものの口にできなかった強固な土台と高い壁に対し、ものを言うようになった。彼女たちの集合的な動きは後日、韓国の女性解放運動史上の大きな津波として記憶されるであろう。

正義連は、こうした新たに浮上する女性運動の主題を反映し、運動の内容に包括的に組み込むようになった。金学順（キムハクスン）さんの最初の公開証言を韓国＃MeToo運動の礎として改めて位置づけ、２０１９年の追悼式典で韓国サイバー性暴力対応センター代表と基地村「慰安婦」ハルモニの連帯発言を企画した。さらに「世界戦時性暴力追放の日」（6月19日）を記念して水曜デモを開き、サバイバーと支援団体が中心となり国際シンポジウムも開催した。

２０１９年には、コソボ内戦のサバイバーであるバスフィエ・クラスニキ・グッドマンに第2回金福童平和賞を授与した。このことを通じ、女性への暴力とフェミサイドが過去のことではなく現在進行形であり、大規模な戦時下の市民のみならず、日常の親密な関係からも発生し、技術の発展によって多様な方法で広がる可能性があることを喚起させた。国家主導型の性売買制度、国家暴力、性暴力の関連性を再確認しながら、人権と平和を実現するために世界中の女性たちによる連帯についても強調した。女性への暴力に対する社会の視線が根本的に変化し、その強固な文化が根こそぎ取り除かれない限り、戦時性暴力と性奴隷の問題は解決しないということを誰よりもよく知っているからである。

おわりに

女性法廷の判決文第8部「結論」では、日本軍性奴隷制を「武力紛争下の性暴力」の問題であると確認し、戦後この問題がきちんと解決されなかったことで、「サバイバーたちを沈黙させ、恥ずかしめ、そして、彼女たちの癒しを妨げ」たとみなし、日本政府に責任を認めさせることで「将来の世代が女性の平等と尊厳を尊重して前進」させ、同じような犯罪が起こらないよう世界市民の強力な連帯を通じ犯罪者たちに責任を負わせる、このことを通じ「日本軍性奴隷制の被害者となったすべての女性たちを称える」ことを目標にすると明言している。性暴力の二次的被害（セカンドレイプ）防止、再発防止のための教育と加害者処罰、究極的に被害者の尊厳を回復することが重要だと強調するものだ。[*24]

女性法廷以降、正義連を中心とした日本軍性奴隷制問題解決運動は、性暴力に対応する女性たちと新たな連帯基盤を組織し、議題を発掘しながら従来の運動の成果を継承・発展させてきた。これは法廷判決文に明示された「未来世代が平等と尊厳」の下で自由に生きることができる日を心から望むためである。

しかしながら、韓国社会にはまだ多くの課題が残っている。ある統計によると、2020年9月、20代女性の失業率は7・6％（韓国女性政策研究院、9月の女性雇用動向資料より）に達し、1990年代生まれの女性自殺率の増加幅（2019年対比2020年25・5％増加）が他の世代や性別よりもはるかに高いと言う（チャン・スクラン、2019『青年女性の自殺問題』）。20代女性の自殺率増加パターンは、第二次世界大戦を経験した日本の戦後世代（1902～1920年生まれ）と類似した様相を呈すほど深刻な状況だ。[*25] これについて研究者や女性労働関連の活動家は、若い女性たちの要求に対する社会の沈黙が「静かな虐殺」をもたらしていると指摘する。2019年現在、男性に比べ8％も高い大学進学率にもかかわらず、女性は労働市場で同等な社会構成員として認められていない。一生涯にわたり労働を中心とする暮らしが維持されることを切実に願っているものの、国家政策は結婚、出産、家族を前提として構成・施行されている。[*26] これまで続いてきた性差別構造の前で、排除と差別に悩み「社会的他殺」に追い込まれている女性たちは、最近COVID-19がもたらした危機的状況のなかで、さらに絶望的な状況に追い込まれているようだ。

とするなら、日本軍性奴隷制問題解決運動は今後どんな方向に向かうべきだろうか。２０２０年11月14日、挺対協／正義連30周年記念シンポジウムで韓国女性の電話コ・ミギョン代表（現、正義連理事）は被害者中心アプローチ（victim-centered approach）が色あせたように感じられると苦言を呈し、反性暴力運動が挺対協のスタート地点であったことを思い起こし、紛争時に発生する女性への暴力がジェンダーに基づく女性への暴力であるという事実を明確にすることが何よりも重要だと強調した。暴力は差別の極端な形態であるため、性差別構造に根本的な問題提起をしながら、ジェンダー平等実現のための活動を拡大すること、多様な国内外の連帯活動を通じ女性人権平和運動としてアイデンティティを明確化させることを注文した。

創立30周年を迎えた正義連は、このような問題意識を反映し新たな30年、いやそれ以降を準備するつもりだ。植民地支配体制と北東アジアの冷戦体制、戦時性暴力、性奴隷制が依然として強固な性差別構造、若い世代の女性たちへの偏見と嫌悪文化、日常の性暴力と性搾取につながることを強調し、若い世代の女性たちの問題意識と叫びに共鳴しながら、前に向かって進んでいくだろう。パラダイム転換と呼ばれ革命と呼ばれた世界の変化は、つねに不正に対する市民の認識と怒り、連帯と実践によって点火されてきた。その変革の結実は、社会的弱者やマイノリティ集団を超えて社会構成員すべてに還元された。結局、この運動の終わりは、地球上の多くの人々が安全で平和な世の中で平等に生きることができる、その日になるであろう。

（翻訳：徐清香、監訳：金富子）

＊（　）は原注、〔　〕は訳註である。

＊1　１９６７年創立された教会連は、１９７０年代から民主化運動と女性労働者の生存権闘争支援の先頭に立っただけでなく、民主メンバーと労働者の人権問題を国内外に提起し続けてきた。とくに、外貨獲得のために韓国政府によって奨励された日本人セックス観光—別名キーセン観光—問題を本格的に提起し、「キーセン観光追放運動」を展開した唯一の団体集会あった。

＊2　代表的には、挺対協の初代総務を務めた現ＫＯＩＣＡ理事長の李美卿は１９９６年民主党所属第15代国会議員に当選後、第19代まで5期連続で議員を務め、現国会副議長である金サンヒ議員は２００５年韓国女性民友会常任代表を経て、２００７年政界に進出し現在4期目在任中である。

＊3　日本の植民地時代に導入され、長く家父長的な意識と悪習を制度的に支えてきた女性差別的な制度で、廃止するまでに何と半世紀かかったことになる。

＊4　チョン・ダウル・李娜榮（２０２０）「大学の女性運動を歴史化する：大学社会および韓国の女性運動との関係を中心に」『社会科学研究』28（1）：120―173

＊5　ハンソリ会はトゥレバン、マグダラの家等、売買春関連女性の支援／運動団体間の連帯である。

＊6　２００８年いわゆる「三大国家高位公務員試験」である行政考試、外交官考試、司法考試において合格した女性の割合は、それぞれ51・2％、65・7％、38％に達した。参照：統計庁（２００９）『統計から見る女性の暮し』http://blog.naver.com/PostView.nhn?blogId=kimhs310276&logNo=140066033593

＊7　Son, Elizabeth W. 2018. Embodied Reckonings: "Comfort Women," Performance, and Transpacific Redress. MI, Ann Harbor: University of Michigan Press.

＊8　もちろん韓国の歴史教科書に日本軍「慰安婦」の歴史が記載され、教室で学習した経験による影響力は無視できない。

＊9　現在、大法院（最高裁判所）の判決を控えており、２０２０年には京畿道の支援条例が可決された。

＊10　李娜榮（２０１９）「女性嫌悪とフェミサイド：性差別に抵抗するフェミニスト運動で『江南駅10番出口』『誰が女性を殺すのか』ソウル：トルペゲ

＊11　江南駅殺人事件当時、追悼の言葉で最も多い内容のうちの1つ「偶然生まれ、偶然生き残った」は、共有された情緒を反映する。当時、女性たちは、男児を産むため性鑑別を受けるのが流行り、女児を集中的に堕胎した結果が極端な性比率の不均衡を招いたと指摘している。

＊12　代表的には、『韓国社会学』２０１９年春号に掲載された李スンチョル（２０１９）の論文がある。彼は「世代、階級、地位：３８６世代の集権と不平等の拡大」で３８６世代を中心にした政治権力と富の不平等な蓄積過程に注目し、「３８６世代が公式市民社会組織と国家の選出された権力者から、その他世代を圧倒する権力者源を蓄積」しただけではなく、「企業組織の最上層のリーダーシップと上層の労働市場のポジションをまた不均等に占有することで、市場集会『世代権力』（占有政治体制）を構築した」を自ら収集・加工したデータを通じ実証する。これを土台に国家、市場、市民社会を横断する３８６世代ネットワークの権力資源化が、青年および高齢者との世代間不平等を深めたと主張する。

＊13　https://www.statista.com/chart/7246/the-countries-with-the-fastest-internet　李娜榮（２０１６）「女性嫌悪とジェンダー差別、フェミニズム：『江南駅10番出口』を中心に」『文化と社会』22、147―186。

＊14　２０１４年4月16日午前8時50分頃、韓国全羅南道珍島郡鳥島面付近の海上で、旅客船セウォル号が転覆し沈没した事故。セウォル号は、安山檀園高校の学生４７６人を乗せ、仁川から出航し済州島に向かっていた旅客船である。4月18日、セウォル号は完全に沈没し、この事故で遺体未収容者5人を含む３０４人が死亡した。

＊15　２０１５年「メガリア」など、オンラインを中心に「#おまえ…ソラネットやってるな?…」というハッシュタグ運動が起こり、「ソラネット」廃止運動のための募金活動など「ソラネット」廃止世論が形成された。それ以降、２０１６年4月7日、20年近く続い

てきた「ソラネット」がついに廃止され、チン・ソンミ（当時）とともに民主党議員のデジタル性犯罪方案発議につながった。しかし違法映像がわいせつ物に消費される行為は、いわゆる「ナムチョサイト」でとっくに蔓延していた。

＊16 キム・チャンワン、オ・ビョンドン（２０１９）は「キャリア断絶以前の女性は差別されないのか：大卒20代青年層の卒業直後の性別所得格差分析」という論文で、同じ「スペック」を持つ20代男女間の賃金格差が約20％であることを実証したことがある。これらは、韓国雇用情報院で実施した大卒者職業移動経路調査(Graduates Occupational Mobility Survey, GOMS) を利用した婚姻、出産などによるキャリア断絶以前の性別所得格差を測定したものだが、以前の研究とは違い、細部の専攻と具体的な出身大学など、観察可能なすべての人的資本を統制し分析した結果、大卒20代青年層の卒業直後、労働市場所得に相当な性別格差があることが明らかになった。大学卒業後2年以内の初期の労働市場で女性の所得は男性より19・8％少ない。さらに一流大学出身の女性が、短大や三流大学出身よりも、同一大学、同一学科卒業の男性に比べ、所得の面でより大きな不利益を経験していることを証明している。

＊17 「ガラスの天井」指数は、女性の労働環境を総合的に計算した点数で教育、経済活動への参加、賃金、管理職進出と役員への昇進、議員の割合、有給育児休暇などについてOECDの統計等を土台に算出する。結果はイギリス時事週刊誌エコノミストが毎年発表する。２０１９年度も韓国のガラスの天井指数(glass-ceiling index)で１００点満点中20点をやっと超えOECD 29カ国の加盟国中、最下位であった。

＊18 アメリカではハーヴェイ・ワインスタインというハリウッドの大物映画プロデューサーが、数十年間にわたり俳優、映画会社の職員、モデルらを相手に性暴力を繰り返してきたという、ニューヨークタイムズの報道（２０１７年10月5日）が起爆剤となった。

＊19 当時（２０１８年6月現在）国会に提出された「MeToo関連法案」は１００件を超えた。２０１６年6月から発議された関連法案まで含めると２０１８年3月までに約１４０件に上り、徐志賢検事が告発した後に提出された法案だけでも30件を超えた。残念なことに大半が国会で係留中であり、会期を過ぎて廃棄されたりもした。

＊20 ２０１８年12月、スンリ(V.I)〔＝K-POP人気グループのBIGBANGメンバー、当時〕が経営に関与していたクラブ「バーニングサン」でセクシュアル・ハラスメントを注意して暴行されたと主張した男性の投稿がネットで話題になり、当該事件は「バーニングサン」内の麻薬、薬物の流通、薬物レイプ、集団レイプ、スンリの「性接待」疑惑等に拡大した。「クラブと有名芸能人の盗撮」というゴシップや個人的な逸脱ではなく、男性中心のレイプ文化とそれを支える「男性（薬物）カルテル」という構造が事件の本質であると指摘した。これらの主張はハッシュタグ〝＃男性薬物カルテル〟運動と２０１９年3月2日に開催された「男性薬物カルテル糾弾集会」につながった。

＊21 5月19日第1回集会を皮切りに6月9日第2回、7月7日第3回、8月4日第4回、10月6日第5回、12月22日第6回集会を行なった。

＊22　女性たちの集団による問題提起によって新たに生まれた定義は次のとおりだ。デジタル機器および情報通信技術を媒介としてオン・オフライン上で発生するジェンダーに基づく暴力を指し示す。デジタル性暴力は同意なく相手の身体を撮影し、流布・流布脅迫・保存・展示する行為およびサイバー空間で他人の性的自律権と人格権を侵害する行為を包括する。ただし、すべてのデジタル性暴力が現行法上性犯罪として認定されるものではなく、現在犯罪として規定されるデジタル性暴力は、性的目的のための違法撮影、性的撮影映像の非同意流布、通信媒体を利用したわいせつ行為などがある。

＊23　韓国女性人権振興院ホームページ参照 https://www.stop.or.kr/modedg/contentsView.do?ucont_id=CTX000068&srch_menu_nix=5hpWUOqC&srch_mu_site=CDIDX00005

＊24　女性法廷の「判決文」「結論」（１０８９〜１０９４）は、VAWW-NET Japan 編『女性国際戦犯法廷の全記録Ⅱ』（緑風出版、２００２年）４４２〜４４３頁を参照。

＊25　以上の内容はチャン・スクラン中央大学教授が２０１９年発表した自身の研究結果（青年女性の自殺問題）に対するインタビューで明かしたことがある。出典：https://bit.ly/3pq8Jg0

＊26　ハンギョレ .2020.11.13「『静かな虐殺』、20代女性たちはなぜ次々と命を絶つのか」https://www.hani.co.kr/arti/society/society_general/969898.html

女性国際戦犯法廷と松井やよりさん

2000年女性国際戦犯法廷を主催した国際実行委員会（IOC）を代表して挨拶する松井やよりさん。

松井「IOCとVAWW-NETジャパンを代表して30カ国5大陸から来られた皆さまに感謝の意を捧げます。」

1961年より新聞記者として　女性に対する暴力、戦争責任、日本の開発援助問題などを問い続ける。同時に、女性の視点での運動に取り組む。

●アジアの女たちの会（1977年結成）

女性の視点からアジアの問題に取り組む「アジアの女たちの会」を結成。日本人男性による韓国へのキーセン観光反対運動や韓国の民主化支援運動を始めました。1984年、タイに残留した韓国人「慰安婦」の記事を最初に朝日新聞で報じたのも、松井さんでした。

●アジア女性資料センターを設立（1995年）

●北京世界女性会議（1995年）

退職後はアジア女性資料センターを設立し、運動家としての活動に専念するようになりました。

●VAWW-NETジャパン（1998年結成）

日本軍「慰安婦」制度の責任者を明らかにし、不処罰の連鎖を断ち切るために、女性国際戦犯法廷の実現を呼びかけ、98年、VAWW-NETジャパンを創設。法廷実現に向けて動き出しました。松井さんは会議や講演活動に奔走します。「法廷に命を捧げた」と回想するほど、この準備は困難の連続でした。

●女性国際戦犯法廷（2000年12月）

2000年12月に開かれた女性国際戦犯法廷には、8カ国64人の被害女性と世界から延5千人の傍聴者が集まりました。そして日本軍性奴隷制の最高責任者として天皇ヒロヒトに有罪判決が下されたのです。

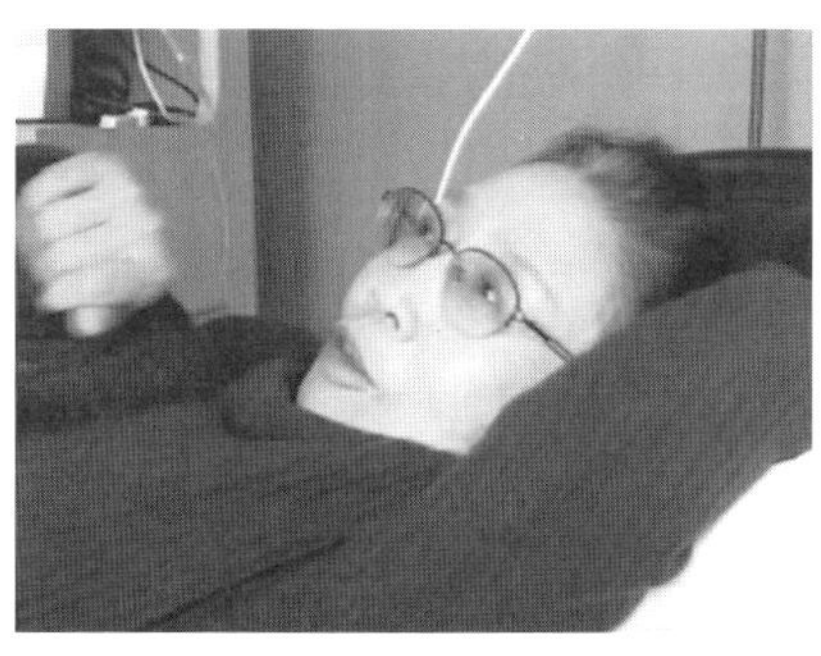

●病に倒れ体験入院

2002年10月、アフガニスタンで病に倒れ末期ガンであることを公表しました。

11月に入ると松井さんは、緩和ケア病棟に体験入院をしました。病院でも積極的に取材を引き受けます。

松井「私のこの命っていうのかな、癌にこうやっておかされてしまったっていうのはやっぱりね、女性法廷をやったからだっていう気がします。逆に言うと、女性法廷に私の命を捧げ尽くしたなという感じを今すごく持つんです。それぐらい大変だったんですよ。

もちろん右翼からの嫌がらせもあったけども、やっぱり一番こたえたのはメディアの黙殺、無視の暴力。だって、何も報道しないってことは何も起こってないことなんだから。今のマスコミ社会の中で。それでやっとのことでNHK ETVの特集をやってくれるといい、ああよかったと思えばね、できたものはひどい改ざん番組でした。

だけど私は、マイノリティの役割はすごく大きいと思うからね。たとえどんなに少数派でも、発言し続ける、行動し続けるということがすごく大事だと思うのね。」

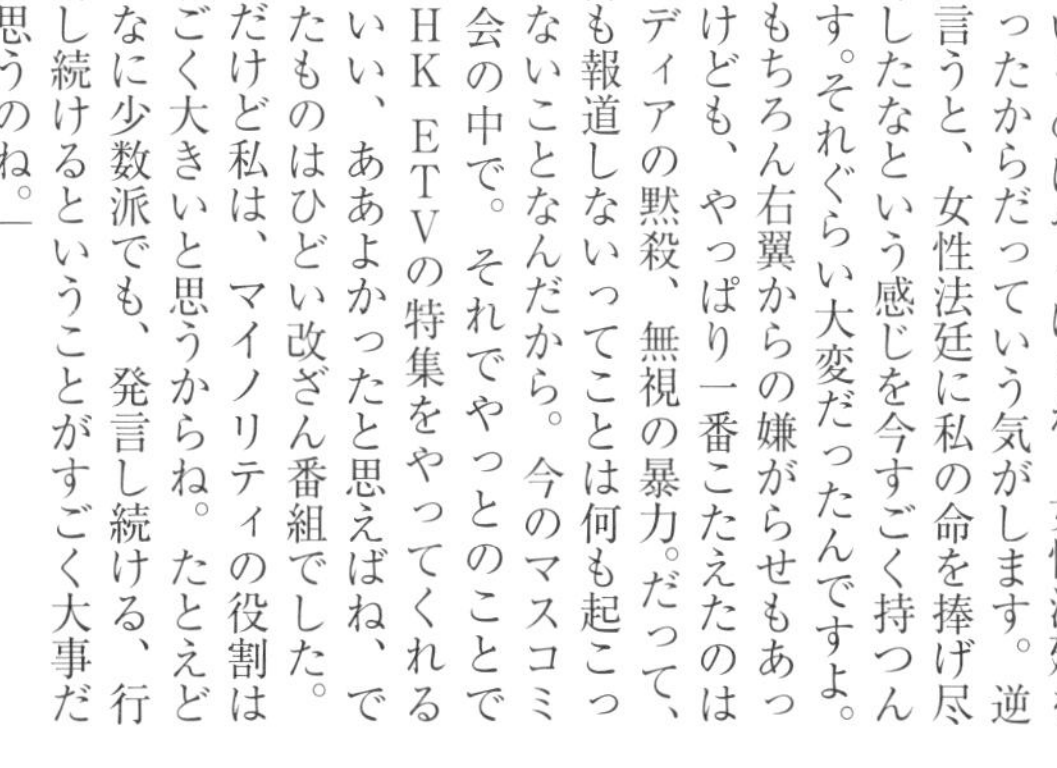

●ＮＨＫ裁判原告として陳述

松井「私はＮＨＫ裁判の原告ＶＡＷＷ-ＮＥＴジャパン代表の松井やよりです。原告としての陳述を今日2002年11月4日に行います。この番組があのような形で改さんされ、歪曲され、報道されたということで、私はまずですね、誰が一番被害を受けたかっていうとやはり、被害者自身だと思います。それからもう一つは結局この裁判の最大の目的というのか、内容というのは「慰安婦」制度がどのような犯罪であったのか、それは人道に対する罪であり、それの責任者としての天皇および国の軍部、政府、当時の指導部というのものが有罪だという判決が出たわけですね。そのような大事な成果を得た、女性国際戦犯法廷がＮＨＫの番組によってあのようにしか報道されなかったことに対する責任というものを明らかにする。そのような公平な判決をぜひ出していただきたいということを本当に心からお願いしたいと思います。」

万が一の時に備えて、ＮＨＫ裁判の原告を委譲するために、交渉人立会いのもと遺言状を作成しました。病院から自宅での出張尋問も検討されましたが、残念ながらこれは実現しませんでした。陳述書とビデオ証言を提出しました。

松井さんの家には来客が絶えませんでした。

●韓国挺身隊問題対策協議会　金允玉

金允玉「私たち挺対協としては、特に加害国の女性として、強く私たちと連帯くださったのは、本当に私たちにとってはいい経験でした。世の中からそういう強い女性連帯が出てこなかったら、私たちとハルモニたちは孤独な闘いをしていたと思っています。挺対協はですね、松井さんに、本当によくやってくださった。松井さんに、私たちの心を伝えたいと思ってやってきました。どうもありがとうございました。」

松井「被害者たちに元気で長く生きてほしいとお伝えください。」

●「女たちの戦争と平和資料館」建設のための遺産贈与

女たちの戦争と平和資料館（wam）建設に向けて、遺産を贈与するための遺言状の作成。松井さんのホッとした表情が忘れられません。

資料館の記者会見があった日、珍しい見舞客がやってきました。東ティモールで初めて「慰安婦」と名乗り出たマルタさんです。女性国際戦犯法廷では印象的な証言をした人でした。

マルタ・アブ・ベレ（東ティモール）
マルタ「帰ってからも祈っています。」

●2002年12月27日逝去。

2002年12月27日、68年の生涯を終えました。常に弱いものに心を寄せ、不正義を許さなかったあなたの思い、あなたの怒り、そしてたたかう勇気を私たちは引き継ぎます。

＊当日上映した本編は、以下の3本の映像より再構成・編集したものです。
『沈黙の歴史をやぶって』（制作：ビデオ塾、VAWW-NETジャパン）
『松井やより　全力疾走　ガンと闘った2ヵ月半の記録』（制作・著作：ビデオ塾、2003年）
『松井やより　アルバムでたどるその時代と生涯』（制作・著作：ビデオ塾、2003年）

協力：池田恵理子
編集・構成：岡本有佳、金庚毘
監修：金富子
制作：女性国際戦犯法廷20周年実行委員会
2020年

尹貞玉

ユン・ジョンオク
2000年女性国際戦犯法廷実行委員会共同代表（当時）

人間の良心としての裁判

日本政府は事実を認めていませんね。安倍（前首相）も、新しく首相になった菅総理も、事実を認めていません。韓国（朝鮮）の女性を連れて行って「慰安婦」にさせたことを認めるならば、その時には（総理就任）おめでとうと言いますよ。今は言えません。

私たちが望んでいるものは、謝罪です。しかし（日本政府は）謝罪する義務はないと言いました。日本（政府）がそのような状態の中で、ハルモニたちは亡くなっていく。このままではダメだと思いました。そういう時に松井やよりさんがすごいことを思いついたんです。私は本当にすごいと思いました。松井さんが（女性国際戦犯）法廷を発案してくれたので、私たちは共に、本当に一生懸命に頑張りました。その法廷は、現状の世界の既存の司法機関ではなく、全世界の市民の良心が、武力に基づく悪を審判する、次元の異なるものでした。私の捉え方は宗教的な次元かもしれません。つまり、既存の世界の秩序に基づく裁判ではなく、はるかに高い次元の、人間の良心が裁く場としての法廷を夢見たのです。

インダイ・サホール

Indai Sajor
2000年女性国際戦犯法廷国際実行委員会共同代表（当時）、女性の人権アジアセンター（ASCENT）代表

法廷はサバイバーに代わって正義を実現した

私たちが女性国際戦犯法廷を組織してついに20周年になりました。この法廷における重要な点は、私たちがこの法廷を国際刑事裁判所規定に則って組織した点です。その趣旨は、極東国際軍事裁判が失敗した強かんと性奴隷、そして集団強かんの処罰という、戦後も継続する問題を処理することでした。

女性法廷は歴史的な観点を兼ね備えていました。法廷には憲章、証人、専門家証人、そして何よりも「慰安婦」被害者たちによる証言がありました。証言は、第二次世界大戦当時のアジア諸国に広がった日本の占領地における苦難と苦痛についてです。

法廷の重要性は、さまざまな側面で確認することができます。第1の特徴は、法廷自体が戦争と武力紛争下における女性に対する暴力を処罰した点です。

元日本軍兵士たち〔金子さん、鈴木さん〕が証人として証言しました。彼らは慰安所に行って性奴隷を利用し、また女性たちを強かんしました。

サバイバーの女性たちが長い年月、沈黙して耐え続けるしかなかったがゆえに、抱え続けることとなったトラウマや心理的影響に関する専門家の意見もありました。

また、日本政府が法廷に参加しなかったため、「法廷助言者」として法廷に参加した日本の著名な弁護士らが、専門家としての意見を述べました。

法廷を組織しながら私たちが学んだ教訓は、歴史的な不正をただす正義の問題だということです。50年以上もの間、彼女たちに対する正義が否定され、「慰安婦」被害の認定を拒否され、彼女らに対する暴力は否定されて来ました。

しかし、「慰安婦」にされた女性に代わって法廷は正義を実現しました。

今日、世界中で数多くの戦争と武力紛争が起きています。「慰安婦」被害者たちが闘ってきたこの問題は今日も続いているのです。

クリスチーヌ・チンキン

Christine Chinkin
2000年女性国際戦犯法廷判事（当時）、英ロンドン大学国際法名誉教授

性暴力不処罰に対抗する必要性を提起

〔女性国際戦犯法廷には〕多様なレベルの意義があると思います。私は国際弁護士として、国際刑事法と日本政府に対する国家的責任という問題を提起した点において大きな意義があると思っています。そしてこれらに関する司法分析が、性暴力と武力紛争に関する国際法の発展に貢献したという点においても大きな意義があります。

より一層重要な意義として、特にサバイバーの方々が全世界的な市民社会運動と連帯した点が挙げられます。日本軍性奴隷制の被害女性たちに起こったことは、日本政府と関係する国家のみの問題ではなく、あらゆる女性に関わる問題であることを示しました。そして性暴力と武力紛争に対抗するすべての闘争において、戦時に起きたことが全世界的なレベルで人道に対する罪であることを、連帯と確信を持って表現できたことが大きな意義だと思います。

三つ目に、女性たちが大勢の市民の前で声を出して誓い、自らの経験を語り、法律家による検証を受ける機会を提供したことが大きな意義だと思います。その結果、司法分析を可能にする、真摯で厳粛な状況での証言記録を提供することができました。以上の点が（法廷の）意義だと思います。

法廷には二つの効果がありました。一つは日本軍性奴隷制を問題の最前線に位置づけたこと、もう一つはこの問題が忘れられることのないようアジェンダとして位置づけたことです。この二つ目の効果は、すべての紛争が固有の歴史を持ち、問題の背景が異なったとしても、多様な形の性暴力と紛争の発生とその深刻さは絶対的な重要性を持ち続け、そのような性暴力に対抗する必要性を示しているのです。

そして第二次世界大戦から今までの紛争で発生した事件の連続性を認識し、そのすべての事件を扱い、責任を問う、不処罰に対抗すべきということを教えてくれました。

パトリシア・セラーズ

Patricia Viseur Sellers
２０００年女性国際戦犯法廷首席検事（当時）、国際刑事裁判所ジェンダー特別諮問官

法廷は性暴力と性奴隷を問う民衆法廷のモデル

２０００年女性国際戦犯法廷の共同検事（国際検事団）として関われたことはとても光栄でした。今日、法廷20年記念シンポジウムに参加された日本・韓国の主催者と参加者の皆様にご挨拶申し上げます。皆様と連帯しながら、法廷20周年をお祝い申し上げます。日本軍「慰安婦」に対する犯罪の法的な償いと公式認定を要求し続ける皆さまと連帯しながら、尊敬を表します。

「慰安婦」被害者、ロラ、ハルモニ、おばあさんたちにご挨拶と感謝を申し上げます。心から尊敬申し上げます。サバイバーたちは私たちと一緒に活動され、その精神は私たちと共にあります。皆さまの勇気と人間愛を思うと私は今も力が出ます。

法廷の歴史的な意義が何かと尋ねられれば、私はこう答

えます。勇敢な市民運動家たちが確固たる決断力で国際的な民衆法廷という手続きをとり、日本軍性奴隷制の否定を反駁しようとしました。法廷が屈せず、ゆるぎなかったのは、残酷な真実に対する「慰安婦」被害者たちの勇気のおかげです。歴史は「慰安婦」の人生を否定・歪曲してきましたが、今では学校、芸術、人権機関、そして特定の政府により（「慰安婦」問題が）徐々に認識され、正しい方向に向かっています。

法廷がどんな影響を与えたのかと尋ねられれば、私はこう答えます。２０００年以降、ほかの象徴的な民衆法廷が開催され、そこでは性暴力と性奴隷の犯罪が扱われました。グアテマラ、インドネシア、サラエボ、イランがその事例です。来年にはアフリカで、戦時の女性に対する奴隷制に関する象徴的な法廷が開かれる予定です。「私たちの手で正義を実現する」というこの民衆法廷は、女性国際戦犯法廷の子孫です。

謝罪と賠償、尊厳回復ができるかと尋ねられれば、私はこう答えます。法廷の開催から20年が過ぎましたが、今も主催者と参加者が集まって決意を固めています。法廷は重要であり、歴史的な事件・証言であり、正義の回復の基礎となる一歩です。

私はまたこう答えます。新しい運動家たちの元気と30年の活動の知恵は「慰安婦」被害者たちの勇気から力を得ます、と。名誉の回復と解決は政治的地平にあります。これが、私たちが人間らしく進める唯一の道です。そしておばあさんたちに対する私たちの決意であり約束です。シンポジウムの成功をお祈りします。

ウスティニア・ドルゴポル

Ustina Dolgopol
２０００年女性国際戦犯法廷首席検事（当時）、南オーストラリア州・フリンダース大学国際法助教授

法廷の文書をユネスコ「世界の記憶」に

まず、日本軍性奴隷制を裁く女性国際戦犯法廷20周年を記念するこの行事を組織していただいた皆さまに感謝申し上げます。この法廷は祝われるべきです。

第二次世界大戦以降、ジェンダー犯罪を処罰することに失敗した国際司法システムを是正するために、国内外のさまざまな地域のサバイバーや女性活動家たちによってなされた素晴らしい努力の成果として、この法廷があります。このような膨大な記録と口述の証拠を収集するためにかけられた努力が忘れられてはなりません。

女性国際戦犯法廷が成し遂げた成果の一つは次の通りです。植民地化のためになされた国際法の差別的な適用を正すために人々が力を合わせることで、いかに大きなことを成し遂げられるのかを世界に示すことができました。

被害女性たちは粘り強く正義を追求し、同時に自分たちの経験を公に、そして詳細に話しました。それは女性の尊厳を攻撃し続ける人々を特定し、恥をかかせるきっかけとなり、全世界のさまざまな地域にいる女性たちが組織化するための勇気を与えました。

残念ながら日本政府は法廷の判事たちが下した合理的決定や、国連の諸人権機関の意見、そして国際労働機構（ＩＬＯ）の要求を無視し続けています。当時の日本軍が行った蛮行を認め、適切な補償と賠償の義務を果たすべきだという要求を無視し続けているのです。

一方で、判決を含めた法廷の業務は、国際弁護士や国際刑事裁判所（ＩＣＣ）、学会で肯定的に検討・論議されました。また、法廷は各国諸地域で行われた大規模な残酷行為に対して取り組むＮＧＯや個人にとって一種のモデルとなりました。

これらすべては、法廷が遺してくれたものがこれからも世界に影響を与え続けることを意味します。私は法廷の文書が他の「慰安婦」関連の資料と共にユネスコ「世界の記憶」の一部になってほしいと考えます。

最後に、自分のトラウマと苦痛を勇敢に語り、国際人道法と国際刑法に重大な変化をもたらす道をつくってくれた韓国の女性たちに敬意を表したいです。ありがとうございます

康健

コウ・ケン
２０００年女性国際戦犯法廷中国検事団検事（当時）、弁護士

日本政府に改めて問いただす

みなさま、こんにちは。２０００年12月8日から12日まで、東京で開廷され、世界の注目を浴びた「日本軍性奴隷制を裁く女性国際戦犯法廷」の裁判活動に、私は、中国検事団メン

バーの一員として参加しました。20年の歳月が流れました。
当時、裁判（法廷）闘争に参加した万愛花さん、李秀梅さん、郭喜翠さん、袁竹林さん、楊明珍さんたち5人の被害者代表は相次いで亡くなりました。いま、私は裁判活動に参加した当時のネーム・プレートを取り出しじっと眺めていると、当時の様子がありありと目に浮かび感無量です。

この法廷は、グローバル（全世界的）な市民の協力によって開かれた民衆裁判でしたが、法廷での組織構成や裁判での手続きは、とても厳密でした。検事団は証拠に基づき、事実を立証し、裁判官は判決を下しました。

「日本軍の占領地域における婦女暴行、凌辱行為は、国際法に違反するものであり、よって日本政府は、これに対し重大な責任を負うべきである」。戦争犯罪の事実を認め、そして被害者に補償すべきだと裁きました。

戦争終結から75年、東京での民衆裁判から20年になります。この間、日本の歴代総理が次々と交代しましたが、残念なことに、戦時中における日本軍の中国女性への残虐な戦争犯罪行為に対し、謝罪はおろか賠償すらしていません。

私たちは、日本政府に、以下のことを改めて問いただします。被占領国の女性たちを性奴隷とした行為を、いまなお合法的行為であったと認めているのですか。日本軍が、組織的に推し進めた「慰安婦」制度——女性への強かん、じゅうりん、これらの行為に対し、まさか責任をとらないというわけではないでしょう！　日本の政治家たちが、自国民に人権尊重を盛んに吹聴しているいま、日本軍に犯された女性たちの人権はどう尊重されるべきか、ほんのひとときでも考えるべきではないでしょうか？

今年は、女性国際戦犯法廷20周年に当たります。コロナウィルスの影響で、今回の国際シンポジウムは、オンラインで開催されます。法廷の成果を継承し、歴史の真相を次世代に伝え、加害者への責任を追及し、被害者が公正な道理（正義）を取りもどすため、ともに力を合わせましょう！　シンポジウムの成功、心からお祈り申し上げます。

中原道子

なかはら・みちこ
VAWW-NETジャパン副代表（当時）／VAWW RAC共同代表

自分の恥ではなく、国家の犯罪として見方を変える

２０００年法廷の意義については、これまでこの問題は一

人一人の女性が一人一人の体験として密かに自分の中に持っていたということで、公にならなかった問題ですね。しかもその一人一人の女性はおそらくそれを恥として、悔恨とともに自分の中にしまい込んでいたと思うのですが、私は2000年の女性国際戦犯法廷が、それは日本という国家の犯罪であるということを非常に明確に示したと思います。そのことによって、一人一人の女性が自分の罪と思っていたことからおそらく解放されたのではないかというところに、私は大きな意義があると思いますね。

やはり、戦後日本の歴史を見ても天皇を名指しで、こういう女性に対する犯罪を犯した責任者として、裁いたのはおそらくこれが初めてのことです。そういう意味で2000年の女性国際戦犯法廷というのはおそらく日本の近代史のなかではっきりとその足跡を記すことができる取り組みだと思います。この問題は、公的な場で問題とされることはなかったわけですから、それが公然と多くの方々の前ではっきりと提示され、しかもそれに対して多くの女性たちがそれを公示し、その犯罪を犯したものとして天皇および日本の当時の将軍たちを告発したということは、歴史に残ることだと思います。女性たちは自分に対して犯されたことを自分の恥ではなく、国家の犯罪として見方を変えることができる、自分の人生を変えることができる、それを助けられたことは、女性の一人として、嬉しくそして誇りに思っております。

私はこの問題の存在を知ってから、つねに韓国の女性たち、フィリピンの女性たちとともに運動に参加をしてきました。その間、非常に多くのことを一緒に運動した女性たちから学びました。そのことについては私は今でも非常に感謝しています。私自身は職業的な研究者ですけれども、この問題はそういう研究者としてプロフェッショナルに探求できることもありますけれども、それ以上、その何十倍、何百倍もの多くのことを教えてくださったのは、「慰安婦」にされた女性たちでした。私自身、マレーシアのロザリン・ソーという女性に出会いましたが、最終的に私は彼女を私のゴッドマザーにして、非常に親しい関係を結んで今まで私も勇気をもらって生きてきたのです。ですから、この問題は第二次世界大戦後のアジアにとっての非常に大きな問題であり、「慰安婦」問題から学び、勇気を得た女性たちがたくさんいると思います。その点で私はこの問題に関係、参加できたことを感謝しています。

吉見義明

よしみ・よしあき

2000年女性国際戦犯法廷専門家証人（当時）／中央大学名誉教授

政治的合意で人道に対する罪は帳消しにできない

女性国際戦犯法廷20周年の記念式典にお祝いの言葉をお送りします。

女性国際戦犯法廷は多くの「慰安婦」サバイバーの声を記録したことと、責任の所在を明確にしたことが大事です。

判決が、性に対する支配はそれ自体が奴隷化であるとのべていることにも注目したいと思います。また、奴隷制の指標として「移動の自由、自由意志の行使など基本的な権利と自由を制限すること」を挙げていることも重要です。自由に逃げることができない場合や、軍人が要求する性的行為に対してその性質と条件を自由に提示できない場合や、それを拒否できない場合、奴隷化とみなされるとしているのです。

2015年の日韓合意により、日本国内では「慰安婦」問題は解決したという意見が広がっています。しかし、国家は政治的合意や和解によって個人に対して犯した人道に対する罪を無視したり、帳消しにしたりすることはできないのです。

女性国際戦犯法廷の判決が日本政府に提示した12項目の勧告は、日韓合意ではほとんど実現されていません。問題はなんら解決していないということ、この判決に立ち返るべきだということ、を言い続けることが重要だと思います。

林博史

はやし・ひろふみ

2000年女性国際戦犯法廷専門家証人（当時）／関東学院大学教授

粘り強い市民運動の展望をひらく

こんにちは。私はこの法廷には専門家証言などで関わりました。この法廷では被害を明らかにすると同時に、加害者を明らかにする作業が極めて重要でした。被害の実態は被害者の証言によって明らかにされましたが、しかし彼女たちをそういう目に追い込んでいった日本軍や日本政府はいったい何をしたのか。特に東京において彼らは何を考え、どういうふうに準備をし、命令をし、そして彼女たちをターゲットにしていったのかということを史料によって明らかにすることが極めて重要です。ですから、この法廷というのは被害者の証言、被害者の力と同時に、そうした実証的な研究両方が合わさって実現したものです。そして、そのことによって加害者を特定して、その加害者を戦争犯罪者として、有罪であると宣告できたと思います。

ただその後、残念ながら日本の状況は、歴史修正主義者、あるいは極右と言ってもいいと思いますが、彼らの強力な反撃によって、運動は逆に後退しています。そうしたことが、この法廷の意義が日本社会の中で広がらなかった一つの大きな要因ではないかと思っていますが、同時に、別の要因もあると考えています。日本というのは戦後の中で戦争責任を曖昧にしてきただけではなくて、あらゆることを戦争一般に解消してきました。ですから、政府や軍の指導者であってもその責任を追及することをやってこなかった。これは支配者にとっては非常に都合のいいことなんです。ところがこの法廷というのは、加害者を特定して処罰しようという取り組みですから、そういう意味では戦後日本社会のタブーに切り込んだ、そういう画期的な運動だと思いますが、そのことの意義がやはり日本社会ではきちんと理解されなかったのではと考えています。

しかし、この法廷を通じて、日本軍「慰安婦」制度の全体像を明らかにしましたし、それからどのようにして問題を解決するのかということも判決の中で明確に打ち出されています。そういう意味では、この問題を解決する上で極めて重要な意義があったのではないかと思います。現在の日本社会では残念ながら極右的な考え方が日本社会を覆ってしまっており、その中でなかなか解決する展望が見えないという状況ではあるのですが、ただ現在の世界の状況を見てみますと、非常に流動的です。ですからわれわれ市民が粘り強く運動をすることによって、展望が開けてくるのではないか、そのことを信じて粘り強く努力していきたいと思っています。

法廷で築き上げられた思想と運動を引き継ぐ

東澤靖
ひがしざわ・やすし
2000年女性国際戦犯法廷日本側検事団（当時）、弁護士

こんにちは。２０００年女性国際戦犯法廷で日本側検事団を務めました。今20年が経過するに当たって、あの法廷が一体どんな歴史的な意味を持っていたのかということについて私なりの考えをお話しします。

あの法廷はいうまでもなく一つのエポック、歴史的な事件でした。それはどういったことなのか、それには3つほど理由があると思います。1つは日本軍の性奴隷制の問題について、事実をアジア太平洋全域にわたって明らかにし、それを証拠によって裏づけたということです。

2番目には、女性に対する性暴力、紛争下の性暴力というものが女性の人権に対する侵害なんだ、それに対して社会はきちんと刑罰を持って臨まなければいけない、そういう考え方を打ち立てたということです。残念ながら、そういった考え方というのは少なくとも日本の国内ではまだその当時はありませんでした。

3番目に、この法廷が民衆の力によって開かれたということです。世界中で現在も起こっている悲惨な出来事、紛争下の人権侵害に対して、残念ながら国家はさまざまな思惑で、有効には機能してきませんでした。そう言った問題を取り上げて、ある意味それを告発する形にできるのはやはり民衆しかないんだ、そう言ったことがこの民衆法廷を通じて明らかになった。そのことは世界中に広がっていると思います。

しかし、この20年間で一体何か成果、前進はあったのかというときに、私は2つの問題から考えなければいけないと思います。性奴隷制の被害者を救済する、そのための謝罪と賠償を求める、実際に国家によって処罰を求める、これについては残念ながら、現在も実現してはいません。しかしながら、それを求めるための国際法、人々の力を結集するということについては、この女性法廷をきっかけにして、全世界に広がってきたと思います。そのことは少なくとも将来に向けて、このようなことを二度と起こらせない、さらにはそれが起こった場合には、きちんとそれに対して処罰しなければいけない、そういった考え方が世界に広がってきたと思います。

この法廷を通じては、残念ながら、日本側では、その法廷を支えてくれた、松井さんや、東海林路得子さん〔VAWW-NETジャパン事務局長（法廷当時）〕、あるいは日本検事団長の川口和子弁護士などが亡くなってしまいました。しかしながら、この２０００年女性国際戦犯法廷によって、築き上げられた思想、そして運動というものが、残された者に引き継がれていると考えています。どうもありがとうございました。

●朝鮮日本軍性奴隷及び強制連行被害者問題対策委員会

強圧と暴力、罪悪に満ちた日本軍性奴隷制の反人倫的罪状を全世界に告発し、犯罪者に厳しい審判を下した日本軍性奴隷制を裁く女性国際戦犯法廷の開催20周年を私たちは大変感慨深く迎えています。併せて、厳しい国際環境の中でも法廷開催20周年を迎え、国際討論会が開催されたことを喜ぶとともに、日本軍性奴隷被害者とご遺族、関連団体に固い連帯と激励のあいさつを送ります。

振り返ってみると、日本軍性奴隷犯罪に対する「天皇」の有罪宣言、日本政府の責任履行を求める法廷の判決に接して、泣き笑い、数十年間積もり積もった怒りと恨みをぶちまけていた被害者たちの姿が忘れられません。また、女性国際戦犯法廷は、日本軍性奴隷問題の正しい解決に対する国際的理解と運動を強化し、今世紀の暴力と紛争下での女性人権侵害根絶を促す意義ある契機となりました。

このように国際的に、法律的に重視されるべき女性国際戦犯法廷の成果が性奴隷犯罪の責任を回避しようとする日本当局の仕業によって生かされていないのは実に遺憾なことと言わざるを得ません。法廷が開かれてから20年という長い歳月、日本政府が行なってきたのは性奴隷問題の正当な解決ではなく、犯罪に対する否定と隠蔽、抹殺を狙った破廉恥な歴史歪曲でした。日本軍性奴隷被害者たちを冒涜し、日本の国家責任を否定する右翼政治家たちの妄言が絶えず、日本の教科書からは性的奴隷問題は完全に削除されてしまいました。日本政府は歪んだ歴史観と哀れな行動に固執することにより、自らの手で国の前途を台無しにするのではなく、今からでも過去に対する正しい態度と姿勢を取り、被害者と遺族たち、アジアの被害国との真の和解の道に進むべきです。

息を引き取る瞬間まで鬱憤と苦痛に苛まれていた被害者たちの恨みを晴らし、願いを叶えることは、私たちに課せられた時代の義務であり、歴史的使命だと思います。この責任ある重大な使命を果たすため、日本軍性奴隷問題をはじめとする日本の過去清算問題の最終的解決を実現するまで私たちは闘争を止めることはなく、広範な国際社会と積極的に連帯、協力していく所存です。

最後に、今回の討論会が女性国際戦犯法廷の意義を守り、性奴隷問題解決を求める正義の声をさらに高めていく有益な契機になることを願いながら、シンポジウムのご成功をお祈りします。

２０２０年12月12日 平壌

付記　本シンポジウムで代読したメッセージのダイジェスト版です。また、朝鮮社会主義女性同盟中央委員会からもメッセージが届きましたが、略しました。（編集委員会）

松井やよりとその時代

「女性国際戦犯法廷」が私たちに課した宿題

本田雅和　ジャーナリスト（元朝日新聞記者）

一枚の写真

手元に一枚の写真がある。

額にケガをし、髪の毛は乱れ、いま戦場から逃げてきたばかりの4人の若い女性たち。ボロ服を身にまとい、裸足のまま崖に寄りかかったり、砂地に突っ立ったりしている——アジア太平洋戦争中の1944年9月、中国—ビルマ（現在のミャンマー）国境地帯で日本軍「慰安婦」として連合軍の捕虜となり、事情聴取のあと米軍写真部隊によって撮影された朝鮮人女性たちだ。

右端の臨月に近いお腹を抱えた女性が、のちに私がインタビューすることになる朴永心（パクヨンシム）さん（2006年8月に85歳で死去）だった。仲間の3人が、腹をさする朴さんを気遣うように声をかけ、見守っている。

彼女たちを「性奴隷」にして、「地獄の戦場」を連れまわした大日本帝国陸軍第56師団の歩兵連隊などは中国雲南省の拉孟（らもう）の前線で「玉砕」し、生き残って壕に隠れていた4人が中国軍に捕まり、米軍に引き渡されたのだった。

2000年12月に東京で開催された「女性国際戦犯法廷」を前にした5月、平壌（ピョンヤン）に飛んで朴永心さんに直接インタビューし、この写真や朴さんの記録を米公文書館（メリーランド州）などから入手して分析し、朴さんを特定したのが、法廷主催団体、VAWW-NETジャパン副代表の西野瑠美子さんだった。西野さんは九州各地の戦友会などを訪ね歩きながら、朴さんが平壌近郊で生まれ育ったこと、17歳で日本人巡査にだまされて連行されたこと、南京やビルマの慰安所で働かされたこと、しかし戦後は祖国に帰って、当時は健在だったことなどを突きとめたのだった。*

当時、朝日新聞社会部記者として、松井やよりさんの後ろ姿を追いながら「慰安婦」制度の戦争責任追及に取り組んでいた私は、西野さんから情報提供を受け、同年8月、この写真を抱えて朝鮮民主主義人民共和国（北朝鮮）を訪問し、政府機関を通じて朴ハルモニへのインタビューを申し込んだ。

「慰安婦」問題のパイオニアだった松井さんは当時、女性国際戦犯法廷に取り組む姿勢について、「加害国の女としての責任」を強調していた。「国境を越えた性差別や性暴力の被害者として、女性同士の連帯をめざしているけれど、連帯してもらえるかどうかは私たちが戦後責任をどう果たすかにかかっている」と、後輩の私たちにもよく話してくれた。

「加害国の男」として

では、「加害国の男」である私はいったいどうすればいいのか。

学生時代に学問としてのフェミニズムをかじった私は、「松井やより」や「本多勝一」に憧れて朝日新聞社に入社した、たぶん「最後の世代」だったと思う。その後、若手の後輩記者と話していて、マツイやホンダの著作を読んでいないばかりか、名前（存在）そのものを知らない記者が多いことに驚いたのは、もはや古い記憶だ。

ただ、私自身、松井さんと同じ職場の社会部に異動して以降も、松井さんからジャーナリズムや取材手法などについて何か教わったという記憶はない。彼女は現役時代から取材だけでなく、自ら立ち上げた「アジアの女たちの会」（AWA）などの社外運動や市民活動に忙しく、社内にはほとんどいなかった。私が遊軍記者になってからは、私の机と彼女の机は10メートルほども離れていなかった（朝日新聞では、編集局長室という官僚制度に包摂される前の編集委員は今のように威張らず、社会部員と同じ大部屋で一緒に仕事をしていた）が、不在の机上はいつも、読者からの手紙や講演依頼のファクスが山積みになっていて、たまに頼まれて、私が渋谷のAWA事務所にそれらを届けたりしていた。

私はそんななかで、松井さんの後ろ姿を見て、自分で追いかけることを勝手に決意したのだった。松井さんの実践フェミニズムは、単に植民地主義や家父長制を批判するツールであるだけでなく、自分や自分と異なる性と向き合う際に自らの生き方を問う枠組みであり、生き方そのものであることを、私は彼女の生き方から学んだと思い、感謝している。

当時の松井さんは、日本人男性による韓国へのキーセン（妓生）買春ツアーや新聞社の同僚でもある海外特派員による買春問題の告発運動も、現役記者としてやっていた。それはジャーナリストであるからこそ、記事を書いて報道するのと同様に取り組むべき問題であり、権力による「中立公正」プロパガンダに絡めとられない強さをもつ視点であった。女性国際戦犯法廷で日本国家と天皇制の「慰安婦」制度の責任を裁く――という視座もまた、その延長線上に当然のごとく存在するものであった。

しかし、「加害国の加害の性」に属する一人である私には、もう一つ、越えねばならないハードルがあった。もし自分が「皇軍兵士」であったなら自分は慰安所に行ったのではないか――そんな自問は、いま自分の目の前にいる愛する人と、どう向き合うか、という刃のような問いとなって、歴史の洞窟の闇のなかから、エコーのように私を追いかけてきた。性産業や性搾取が横行する現代社会を生きる自分に、いったい何ができるのか。松井さんはわれわれにそんな宿題を出していたのだと思う。

「拒むと短刀で切りつけられた」

そんな私にとって、性暴力被害者への取材というのは、取材というより、自らの性の加害性や暴力性と向き合わされる、しんどい仕事だった。

平壌での朴永心さんへのインタビューも、想定以上の困難を極めた。

西野さんの尽力で写真その他の証拠は揃っていたし、当然のことながら政府関係者をとおして本人にも写真を事前に見せてもらって確認し、朴さん本人は12月の女性国際戦犯法廷では証言もする意向だということも聞いていた。さらに私は、北朝鮮訪問に先立ち、朴さんを戦場で連れまわした師団の下士官を福岡県内の実家に訪ね、朴さんの写真を見せていた。そのうえで、「この『若春』（朴さんの源氏名）はね、俺の現地妻だったんだ」と公言して憚らないという裏づけ証言まで取っていたので、あとは朴さんのトラウマに配慮しながら彼女の話を傾聴することに集中するつもりだった。

しかし、彼女は政府機関の説得にもかかわらず、当初予定された面会日程を2度延期したあと、3度目にはドアを開けて面会会場の部屋に入り、初対面の私を見るなり、朝鮮語で何事か口走り、悲鳴をあげてすぐに出ていってしまったのだ。北朝鮮で戦争被害者の聴き取り調査を専門的に続けていた通訳の金恩英さんも、あわてて朴さんを追いかけて出ていった。1時間ほどしてようやく戻ってきた金さんは、申し訳なさそうに朴さんの事情を説明してくれた。

「朴ハルモニは今朝ようやく日本人記者との会見に応じると言ってくれていたのですが、先ほど本田さんの顔の口髭を見て、自分を虐待した『日本人将校とそっくりだ』と気分が悪くなったそうです。今日はもう無理です。明日まで待ちましょう」という。

私は「日本の世論に戦争責任を訴えるために朴さんの証言が必要なので、明日までに髭も剃っておくのでなんとか説得していただけないか」とさらに頼み込むと、金さんは「そういう問題ではないのです。これはPTSD（心的外傷後ストレス症候群）のフラッシュバックによるものだから時間をかけて待つしかありません。昨日も本田さんがお持ちになった写真をハルモニに見せたのですが、最初は『これは私ではない』と全面否定だったのです。これもよくあることなのです。すでに私たちには話してくれているように、相手が信頼できると分かったら、ほんとうのことを話してくれますから」となだめられた。

そして、その翌日になって朴ハルモニは、金通訳の尽力もあって長時間のインタビューに応じ、自らの生い立ちとともに、戦場では銃弾が飛び交うなかで食糧運搬をさせられたこと、慰安所では性行為を拒否して短刀で切りつけられたこと、胎児はその後流産したこと、戦後帰国して朝鮮戦争後に家族を持ったが本当のことは夫にも話せないまま夫は病死したこと……などを淡々と話し、下士官だった男が「俺のフンドシを洗ってくれた俺の現地妻だ」と言っていたことを伝えたときだけは、「私たちを連れまわし，戦場に捨て置いて自分だけが逃げておいて、ふざけるな」と激しい怒りを爆発させた。

もし、私が女性記者で、口髭も生やしていなかったら、取材はもっとスムーズだったかもしれない。でも、一時私が真剣に考えたように、一度帰国して女性記者と取材を交代することなど、しなくてよかった、と今の私は思っている。朴さんもその後、右翼が妨害街宣をする九段会館を会場にした女性国際戦犯法廷で、ほんとうに堂々と証言された。

私は女性法廷に来日した被害女性を中心に、さらにインドネシアやフィリピンも訪ねて、これまでに50人以上の戦時性暴力の被害者から聴き取りを続けてきた。彼女たちのビルマ戦線の「妊娠した慰安婦」

写真の女性、北朝鮮に

【平壌28日＝本田雅和】太平洋戦争中、中国－ビルマ（ミャンマー）国境地帯で連合軍の捕虜となり、米写真部隊に撮影されていた元日本軍慰安婦の一人が現在、朝鮮民主主義人民共和国（北朝鮮）に暮らしていることがルポライター＝西野瑠美子さん＝東京都在住＝らの調査で分かった。

この女性は現在、北朝鮮・南浦市に住む朴永心さん(七七)。朴さんらが捕虜になった当時の米側による聞き取り資料（米公文書館に保存）や朴さんの証言によると、平壌近くで生まれた朴さんは、十七歳のころ、日本人巡査に「軍や病院の仕事がある」と言われ、南京に連れて行かれて慰安婦にされた、という。

その後、上海経由でビルマや中国雲南省の前線に送り込まれ、拉孟（松山）で「若春」の源氏名で働かされた。十数人の朝鮮人慰安婦が一緒だったという。

当時、拉孟に駐在していたのは、ビルマ方面軍所属の第五十六師団歩兵第百十三連隊など。連合軍の激しい攻撃で一九四四年九月初めに守備隊は玉砕するが、壕に隠れていた朴さんら四人の朝鮮人慰安婦が中国軍に捕まり、写真を撮られた。妊娠していた朴さんは特に目立った＝写真下、右端。

慰安婦に関する旧軍人の聞き取り調査を続けていた西野さんは、守備隊の生き残りで、福岡県内に住む早見正則・元上等兵(七七)に八年ほど前にインタビューし、この写真を見せて右端の女性が「若春」という源氏名の朝鮮人慰安婦であること、「銃弾をかいくぐって食糧を運んできてくれたりした、歌のうまい勝ち気な女性だった」などの証言を得ていた。

西野さんは今年五月訪朝。朴さんに会い、「若春」の名でビルマ戦線で慰安婦として働かされていたことなどを聞いた。

二十五日から二日間にわたり、平壌で西野さんと朝

（上）当時の写真を前にして、日本軍に慰安婦として扱われたことについて語る朴さん。右は朝鮮民主主義人民共和国で慰安婦の聞き取り調査をしている金恩英さん／撮影・小林裕幸

（下）中国軍の捕虜となった日本軍の慰安婦＝1944年9月3日、中国雲南省拉孟近くで、米写真部隊撮影（月刊沖縄社「太平洋戦争写真史 フーコン・雲南の戦い」より）

朴永心さんが「臨月の慰安婦」だったことを初めて報道した本田記者の記事（朝日新聞2000年８月28日）

重い証言が聴けたおかげで、彼女たちを前に「恥ずかしくない生き方」を選びたい、と決意することはできたが、ひるがえって、証言してくれたハルモニやロラたちの状況を、どれだけ変えることができたか、日本政府の姿勢や世論をどれだけ変革することができたか、というとまったく無力だったと言わざるを得ない。

しかし、松井さんは、そんな日本のメディアの弱さを嘆いているだけの私とは違い、自らの行動で社会を変革する道を歩んでいった。

二度の涙

そんな松井さんだが、いわゆる「闘士」では決してなかった。感受性も共感力も豊かな人だけに傷つきやすく、涙もろい面もあった。私自身、松井さんが泣く場面に二度遭遇している。いや、私自身が松井さんを泣かせてしまう状況を作ってしまった一当事者でもあった。

一度目は松井さんが、いよいよ定年を迎えたとき、現職記者としての最後の記事を、当時、私が担当していた社会面メディア欄に書いてもらった。「日本の新聞に必要なのは女性の視点と南の視点。男社会に勤めた33年間の恨みつらみ」を記したものだったが、そこに書かれていた「秋篠

宮の結婚報道」への批判に編集局幹部がクレームをつけ、執拗に削除を迫ってきた。「皇室の恋愛結婚」の祝賀・礼賛報道の洪水のなかで、紀子と同年のフィリピン人女性が日本で売春を強いられ、暴力団から逃れる過程で貧困に追いやられ、孤独な死を迎えたという原稿が削られてしまった――との松井さんの主張に対し、管理職は「それとこれとは関係ない。庶民出身の紀子さんが皇室に入ることで民主化が進む」などと、それこそ「関係ない」、脱論理の屁理屈を展開。デスクワークをしていた私は「削除はしない」と抗弁したが、松井さんはマイルドな表現への書き替えに応じてしまったのだ。

管理職との一戦を終えてから、私と松井さんは深夜でがらんとした社員食堂に行き、遅い夕定食を食った。向き合いながら松井さんは、「同じようなことを何度か経験している」と明かし、「少々妥協しても載せることが大事なの」と、私にとっては意外な言葉を吐いた。そう言いながらも松井さんの目からは見る見る涙があふれ、皿の上に落ちるほどだった。

二度目は2000年12月の女性国際戦犯法廷の準備段階の時期だった。社会部で戦後補償問題を担当していた私に、松井さんは何度もしつこく電話をかけてきた。「ちゃんと報道してね。きちんと記事にしてね」。どんな深刻な人権侵害が起きていても、どんな素晴らしい業績を市民運動があげても、広く報道され、多くの人が知るところとならなければ、社会を動かす大きな力にはならない――そんな松井さんの思いは痛いほどわかっていたが、一方で彼女が退職してからも日々悪化している社内の言論状況をできるだけ詳しく説明し、「大きな記事になるかどうかなど、予断も楽観も許さない」と私は述べた。

社内で根強い反対論の一つが「法的拘束力のある法廷ではない。民衆運動にすぎないから」などというものであることを説明した直後だった。「どうしてそんなことばかり言うの」という彼女は、何かがぷつんと切れたように嗚咽し出したのだ。思えば女性法廷の準備が大詰めを迎えるなかで、右派メディアからの中傷も増えて神経が最も張りつめていたときに、世間からのラベリングを恐れる報道・言論機関内部の志の低さに絶望したのだろう。

ドルゴポルさんからの希望の宿題

女性国際戦犯法廷で日本の国家責任を問うた首席検事を務めたウスティニア・ドルゴポルさん（現フリンダース大准教授）が、20年の節目に開かれた国際シンポジウムで、基調報告をした（本書参照）。彼女の報告には、女性法廷とその後の20年間における成果と課題（限界）が語られているが、私にとって、それらはまさに、松井やよりさんから課された日本のジャーナリズムの課題でもあり、いまだに果たせていない宿題でもある。

先述したように、松井さんからの存在をかけての警鐘もあって、私がライターの一人であった朝日新聞については、私と後輩記者の小笠原みどり（現カナダ・ビクトリア大学准教授、監視社会研究者）らで作った取材班が、法廷前の前触れ紹介記事や法廷開催中のいくつかの大型記事、総括・解説記事などで、それなりの特集も報道することができた。日本のメディアのなかでは最も手厚く報道し、昭和天皇の有罪判決＝戦争責任認定についても、唯一記事化で明示できたことには、小さな誇りも持っている。

しかし、女性法廷を取材し、手厚く報道したのは圧倒的に海外メディアであり、松井さんやVAWW-NETジャパンが当時から指摘しているように、全体として日本メディアのカバーは貧弱なものだった。それは天皇や国家の戦争責任に対する批判精神の低さや、市民社会セクターへの評価の低さからくるものであることは間違いない。

ドルゴポルさんも指摘しているように、世界の人権運動が「今も北米やヨーロッパが中心で、人権問題でメディアに流れ込む情報の多くが、北米やヨーロッパ各地に本部を置く団体から発信されて」おり、欧米に拝跪する日本の主要メディアの限界も、女性法廷の意義の誤解、曲解、軽視もここから来ている。

一方でドルゴポルさんはこの20年間の変化として現在、世界中に広がっているBlack Lives Matter（BLM）運動や＃MeToo運動について、女性国際戦犯法廷運動との関連性を指摘している。国家や、その国家を乗っ取ってきた男たちが主催した、戦後の極東国際軍事裁判（東京裁判）などでは決して問われなかった戦時性暴力の問題、組織的強かんや性犯罪の不処罰の連鎖の問題を、アジア各地の女性たちが欧米の女性たちとともに連帯して取り上げたことが、運動の現在的広がりに繫がっているということである。

日本軍「慰安婦」問題はアジアで起きた問題で、アジアの女性活動家らが掘り起こし、記録し、サバルタンとして耐え続けてきたサバイバーたちが語りだし、世界各地に足を運び、国際社会に体験を伝えて、訴えかけていき、グローバルな問題にしていった。

「民衆運動を起こすにあたり、マイノリティ女性や非白人の人々が担ってきた重要な役割を（主流派）メディアは見落としている」とドルゴポルさんが述べるように、たとえば#MeToo運動の創始者も黒人女性のタラナ・バークだったことを、私たちは忘れてはならないだろう。そして、ドルゴポルさんも私自身も、オランダ人女性を含めアジア各地の多くの戦時性暴力のサバイバーたちにインタビューするなかで、何人もの人々が旧ユーゴスラビア国際刑事法廷での、性暴力被害者たちによる証言と告発を知り、自らが当事者として名乗り出る決断をしたと証言していることに気づいた。半世紀もの間、トラウマを抱えて沈黙してきた女性たちは、旧ユーゴやルワンダで、戦争の武器として性暴力が再び三たび使われていたことに衝撃を受け、自分たちの沈黙の意味に苦しんだのだ。前史から後史へと、歴史は繋がっているのだ。韓国の被害女性の多くが金学順ハルモニのカミングアウトを契機として、次々と名乗り出るようになったことと同じく……。このとき#MeToo運動の萌芽は、アジアで始まっていたのかもしれない。

いま思うに、松井やよりとVAWW-NETジャパンに結集した多くの女たち、そしてその運動に協力した少数の同時代の男たち――彼ら彼女らは、死者も含めた戦時性暴力被害者たちの真実の言葉を運ぶ、傑出したシェルパであり、伴走者だった。主役はあくまで被害女性のサバイバーたちである。静かな怒りと無念の思いで亡くなっていった朴や金や姜や崔や辛や……何万という被害女性たちの慟哭も含めて。

翻ってジャーナリストを名乗る自分は、よきシェルパ足りえているか。答えはノンである。

ドルゴポルさんが指摘するように、日本政府当局者たちは「強制連行を証明する公文書は見つからず、国家や軍による『慰安婦』制度への維持や関与は限定的だった」と虚偽の主張を続けているからだ。

私個人としても、あと残り少ないジャーナリストを名乗れる人生で、「松井やより」に三度目の涙を流させてはならない、と深い悔恨のなかで考えている。

＊朴永心さんが「臨月の慰安婦」だと特定したのは、西野さんおよび金栄さん（当時、VAWW-NET ジャパン南北コリア調査チーム）の共同作業によるものだった（編集委員会注）。

歴史に刻む——女性国際戦犯法廷から20年を思う

中野敏男（東京外国語大学名誉教授）

２０１０年に東京外国語大学で開催された「女性国際戦犯法廷から10年」のシンポジウムで基調講演を行なったパトリシア・ビサー・セラーズは、女性法廷（「女性国際戦犯法廷」。以下同じ）が示した正義が10年を経てなお実現されていない現実を認めつつ、それでもこの時にその歳月を「祝いかつ思い起こすこと」を呼びかけている。なぜなら、その10年の前には「正義が否定され正義が斥けられ続けた50年」があったのであり、かの女性法廷こそ、その50年に終止符を打ったとわかるからである。[*1]

それからさらに10年を経て、この性奴隷制を実施した加害国である日本の政府はなお誠実な謝罪と補償を行おうとせず、正義の実現で報われるべき存命の被害者はいよいよ数を減らしている。それは心の痛む事実だが、他方で、あのときセラーズが指摘した女性法廷のその意義は今も失われず、この10年でさらにいくつもの問題と繋がり、その意味をむしろ広げている。今回のシンポジウムは、確かにそのことをしっかり示してくれていたと感じた。

ドルコポルが示した女性法廷の歴史的意義

そんな今回の会の意味をまず明確に示したのはやはりその基調講演、すなわち女性法廷ではセラーズと並んで主席検事をつとめたウスティニア・ドルコポルが行なった講演だった。ドルコポルの講演は、主催者の要請に応ずる意図もあったのだろうが、国際的な人道法と刑事法の専門家として女性法廷に関わった立場からかの女性法廷の意義をあらためて歴史的に位置づけようとするものであり、確かにそれに広い視野から的確な認識を示している。

ドルコポルがここで指摘する女性法廷の第一の意義は、「慰安婦」問題の解決を求める各国民衆の草の根からの運動が大きく結びついた形でこの法廷が実現されて、それが、東京裁判や連合国の行った戦犯裁判では十分には裁きえなかった問題に国際社会が無視できない形で正義の所在を示したことだ。それにより、世界各地で沈黙を強いられていた性暴力の被害者たちが大きな勇気を得て声を上げはじめ、そうした草の根からの運動が世界の女性人権の主張・保護のため無視できない重要な役割を担うようになったとしている。この点は確かに、白人男性知識人が主導した「ラッセル法廷」などとの決定的な違いと認められよう。

しかもこの点は、女性法廷のもう一つの意義と結びついている。それは、このように世界の女性人権にとって重要な法廷が、北米やヨーロッパではなくアジアの地で実現したことである。ドルコポルの見るところ、この点が真っ直ぐ今日の#Me Tooの運動やＢＬＭの運動にまで繋がっている。これらの運動は、これまで人権や正義を語る議論の中心と認められなかった人びと、女性やマイノリティや「有色」の人びと、また第三世界の人びとが、自分たちへの人権侵害を告発し、自分たちも人権を語る主体であると強く主張し始めたという事態で、今や世界がそれを無視できなくなっている。なるほどそんな今日の事態に、アジアで実現したこの女性法廷が重要な役割を果したというわけだ。

そしてもうひとつ、性奴隷制というこの人権侵害を、ここでは正式な「法廷」の形で問題化したことも重要だったという。それはまず、この人権侵害が「裁き」の対象であり「罪」であると明確にしたことだが、それだけではない。その裁きの法廷を実際の「裁判」の形式や手続きに忠実に従って実施するために、ここには、直接の当事者のみならず多くの歴史の専門研究者や法律の専門家などが、原告や証言者あるいは判事や検事や弁護人として参与している。その結果、そんな法廷が開催された事実だけでなく、その論告や判決などについても、今後は必ず議論の対象となり参照されねばならない「先例」として残った。かくて日本軍「慰安婦」問題は、裁判で有罪となった事件としてすでに歴史に刻まれている。

このように基調講演で確認できる女性法廷の歴史的意味は、つづく二つの報告でさらにひろく敷衍されている。このうち李娜榮（イナヨン）報告は、この「日本軍性奴隷制問題解決運動」を「韓国女性運動史」の中に捉えて、両者の緊密な相互関係を明らかにしている。これは韓国での運動の展開と展望を考える上ではとても重要で示唆に富むものだ。もっともここでは、女性法廷自体の世界史的とも言える歴史的意味を広く見通すために、阿部浩己報告を手がかりにそちらの方からもう少し考えておこう。

女性法廷と植民地主義の問題

阿部の見るところ、法的な観点から女性法廷が重要なのはそれの植民地主義との関係である。女性法廷に先行する極東国際軍事裁判を規定していた国際法の認識枠組みは、国際／国内、本土／植民地、平時／戦時、現在／過去という四つの二分法に立つことで、植民地支配の下で生起した性暴力である日本軍「慰安婦」問題を戦時国際法では扱いえない案件として特殊化し「国際法の暗渠」に深く埋めてしまっていた。これに対して女性法廷は、「人道に対する罪」と「奴隷制」という二つの法概念を立てて、「慰安婦」問題を加害行為のあった場所や時間の法的地位いかんに関わらない国際慣習法への違反と認定し、これの法的責任の追及を可能にした。この点で女性法廷は、植民地支配下における犯罪行為をも法の射程に捉えて植民地主義の清算をめざす近年の傾向を先取りしている、と阿部は評価する。

その上で阿部は、しかし女性法廷はそんな犯罪行為の基盤である「植民地支配そのものの責任」の判断には踏み込んではいないとして、つぎの課題をその点に見定める。それはある意味もっともだが、ここはもう少し考察が必要だろう。もちろん阿部報告は「法的な観点」からの考察であるから、植民地支配そのものについても「法的責任」に焦点を定めて問題を提示しているのはよく分かる。とはいえ阿部自ら確認しているように、法的責任はそれと認識する認識枠組みがなければ作動し得ないはずだ。そしてその点まで考えると、女性法廷はもう少し先まで問題の視野を広げる必要を説いていると見える。それは例えば、10年前にセラーズが指摘したような、植民地支配が終了したはずにもかかわらず「正義が斥けられ続けた50年」という問題だ。そこには、法的には植民地支配が終了した後にも継続する植民地主義という問題、それゆえの被害の存在が認められよう。「植民地支配責任」のみに限定されない「植民地主義の責任」、そこまで確実に視野を広げて歴史を見なおすこと。法的責任を考える上でも、ここにさらに必要な女性法廷に学ぶべき課題があると、わたしは考える。

＊1　女性国際戦犯法廷10周年実行委員会編・発行『「法廷」は何を裁き、何が変わったのか』20頁。

「正義」を求めた女性たちと闘いを共にした「女性運動」を受け継ぐ

井桁 碧（VAWW RAC運営委員）

「女性国際戦犯法廷」20周年オンライン国際シンポジウム――女性国際戦犯法廷の判決／証言を未来にどう活かすか／いまこそ性暴力不処罰と植民地主義を断ち切るために」（「「法廷」20年」）の始めに、「追悼のための黙祷」があった。その黙祷が招来した静謐な時空は、「強いられた沈黙」を破り日本軍による性暴力被害を語った女性たちの幾重にも交差する声によって満たされていただろう。

「「法廷」20年」は、2000年「女性国際戦犯法廷」（以下「法廷」）を実現した女性たち、性暴力不処罰と植民地主義を断ち切るために立ち上がった被害女性たち、彼女たちと闘いを共にしてきた韓国・フィリピン・台湾・インドネシア・日本の女性たち・人びとが、相互に活動の跡をふり返るための場、各国の若い世代の人びとがその意志と活動を受け継ごうとしていることを伝えあい、さらに交流し連帯していくことを確認するための場として構成されていた。その企画意図を、過去あるいは現在の音声・映像を媒介に物理的空間の制約を越え具現化してくださった方たちに、感謝したい。

「法廷」へ――アジアの女性運動

基調講演「女性国際戦犯法廷～市民社会の正義の追及を再定義する」で、「法廷」においてパトリシア・ビサー・セラーズさんとともに主席判事をつとめたウスティニア・ドルゴポルさんは、「名のり出た女性たちの勇気」を称え、「法廷」と「判決」の歴史的意義、重要性を次のように概括した。「法廷」は、女性に対する犯罪の特質を重視し、第二次大戦の性暴力犯罪について天皇を含む日本の軍人および政治家の責任を立証するために国際法を活用した、という二つの側面をもつ。

そしてドルゴポルさんは、現在、Black Lives Matter（BLM）運動、#Me too運動に世界各地の人びとが立ち上がっている、こうした運動の拡がりについて、「法廷」以後も、日本政府が歴史的政治的責任を否認し、日本軍「慰安婦」問題が依然として解決されていないという状況があり、だからこそ「法廷」を理解すること、世界的な「市民社会の役割」、「アジアの女性運動」について知ることが必要だと強調した。これは、「法廷」を傍聴し、「判決」を繰り返し読み、「女性国際戦犯法廷から10年・国際シンポジウム「法廷」は何を裁き、何が変わったか―性暴力・民族差別・植民地主義」（「「法廷」10年」）に参加して以来、私自身が最も深く受け止めてきたことだった。

「「法廷」10年」の実行委員会代表だった故東海林路得子さんが書き残している。[*1]「法廷」は、「責任者処罰」を求める被害女性たちの「証言」を証拠として重んじたが、「天皇有罪」の判決を得るには検事の起訴状、その基礎となる証拠資料が必要だった。しかし、敗戦後の日本政府の命令によって戦争に関わる証拠のほとんどが焼却されていた。「法廷」の前に、巨大な障壁が立ちふさがっていたということである。だが、この障壁は、調査委員会と検事団による証拠の収集、整序によって乗り越えられた。「戦時下であろうと女性への暴力は許されてはならない」と考えた人びとが、「暴力が正当化されない新しい時代への希望と願いをもった市民、とくに女性たち」が、「家族もお金も時間も仕事も投げ出せるものはすべて投げ出して」、誰も経験したことのない「法廷」を実現させるために協力し」、「国際法」を学び、志をともにし「法廷」を開くことになったのだと。

民衆の壮大なチャレンジ――植民地支配の不正義、法的責任を追及する

ドルゴポルさんの基調講演が焦点を当てた「アジアの女性運動」は、国際法の専門家たちによる「判決」、つまり被害女性たちが被った「歴史的な不正義」を正すという成果をあげた。ただし、それだけではなかった。「法廷」における検事でもあった阿部浩己さんの「２０００年法廷から日本の植民地主義を問い直す」における「法廷」評価に注目しよう。

「法廷」は、日本軍性奴隷制が日本の植民地主義／帝国主義に淵源することを明らかにした。恣意的に新たな法を作りだしたのでもなく法を遡及的に適用したのでもなく、国際法の解釈規則に則り、しかも、国際法の強者優先構造を、法の認識枠組みそのものを、批判的に問い直すことによって、日本（軍人）の法的責任を認定することができた。ここにフェミニスト理論・方法の影響を見ることができる。阿部さんはこのように評価し、「法廷」は植民地支配における深刻な不正義を法的に追及する民衆の壮大な

チャレンジだったと位置付け、「法廷」から20年を経た今、私たちは「法廷の営為」を詳細に跡づけ、植民地支配それ自体の法的責任に自覚をもって向き合うべき時に立ちあっているのだと述べた。

「その日」まで――闘いをやめてはいけない

「法廷」を多くの人びと・女性たちによる営為として跡づけるということは、「法廷」を可能にし、また「法廷」以後も継続されてきた運動、女性たちの運動の足跡をたどることに他ならない。

李娜榮(イナヨン)さんによる「２０００年法廷から性暴力を処罰した韓国＃Me too運動へ」は、日本軍性奴隷制問題解決運動の推進力となった「韓国進歩系女性運動」の伸展を、韓国の女性たちが「法廷」をどのように受け止め、どのように実践してきたのかという観点から、「水曜デモ」の創造的変容にも言及し、「基地村女性人権連帯」や韓国の＃Me tooにつながる女性運動の道程をたどるものだった。

「水曜デモ」は、被害女性たちが無力なままにとどまることなく、被害事実を毅然と告発する主体となったことを参加者が共有し、若者たちが学ぶ場となり、若者たちは「水曜デモ」を超国家的な「希望と連帯」の場へと変容させた。この若者たちは明らかに、女性の人権向上に関わる認識の変化や社会の構造変革を推し進めた韓国女性運動とフェミニズムの成長を背景に展開された市民運動、日本軍性暴力被害女性たちとその闘いを共にしてきた女性たちの運動を、継承している。

李さんは、運動が途絶えることなく継続されることへの確信をもって、「こうした運動が終わる日とは、地球上の多くの人びとが安全で平和な社会で平等に生きることができるその日のことだろう」、と語った。

李さんが未来に見る「その日」まで、「法廷20年」開会挨拶で中原道子さんが言ったように「闘いをやめてはいけない」。ドルゴポルさんが呼びかけた「日本の責任を追及し、女性が性暴力から解放されるための闘い、平等を得るための闘い」に参加しよう。

＊1　女性国際戦犯法廷10周年実行委員会編『女性国際戦犯法廷から10年・国際戦犯法廷シンポジウム報告集』２０１１年。

継承される女性法廷の意義

石田凌太（学生／実行委員）

女性国際戦犯法廷との出会い

女性法廷が開催された2000年当時2歳だった私には、法廷にかんする記憶がない。女性法廷のことを初めて知ったのは、大学で日本軍性奴隷制問題を学ぶようになってからだ。最初に抱いた印象は、日本軍による凄惨な性暴力被害を証言した女性たちへの敬意、それまでのあらゆる不正義に対する怒り、そしてこの問題を知ろうともしなかった過去の自分に対する後ろめたさであった。

この問題に関心を持つ前までは、日本軍「慰安婦」問題という言葉を聞いたことがある程度で、自分とは関係のない過去の問題という認識を持っていた。しかし、問題を深く学ぶようになると、過去の問題とする認識自体が、現在の日本政府の姿勢と地続きであり、差別構造を温存しているのだと気づいた。この認識は、被害女性の訴えを無下にし、歴史を歪曲する姿勢である。日本軍性奴隷制度にかんする運動・調査・研究の積み重ねを無視し、日本の加害的側面に目を向けようとしないことは、内面化された植民地主義や家父長制、東アジア諸外国に対する蔑視の容認、性暴力被害者への不十分な救済制度など、現代社会が抱える問題を支えているのだ。

また、昭和天皇への有罪判決言い渡しに対する驚きもあった。しかし、それは判決内容に対してではなく、日本社会でそのような判決を言い渡せたことに対してである。天皇の戦争責任を問うことが、タブーなのではないかという意識が私のなかにあったのだ。法廷の過程や判決文を聞く限り、当時の日本軍を統括していた責任者として天皇が有罪、日本政府に責任があるということは明白である。しかし20周年シンポジウムが行なわれた現在、下された判決が前より受け入れられる社会になっただろうか。

20周年シンポジウムに関わって

20周年シンポジウムでは、女性法廷の意義と同時に、20年経っても被害者の声を聞き入れたとはいえない困難な状況が説明された。それぞれがどのようにこの問題と向き合い、記憶していくのかを考えさせられるものであった。20

年経ってもなお運動が続き、こうして私が参加できていることから、携わってきた人々の強い意志を感じることもできた。日本軍性奴隷制問題解決運動にかかわるようになって約2年しか経っていないが、一貫した運動を継続することがどれだけ大変なことかは想像に難くない。地道な事務作業、日々変化する社会のなかでの戦略立て、繰り返される政府の不作為に対する抗議など、膨大な時間と労力が必要とされる。今回のシンポジウムの場合は、国をまたいで多くの人が関わっており複雑な連携が必要となった。一方で、オンライン開催だからこそ、距離の制約を受けずに遠隔地からの参加も受け入れられた。各地で多様な運動が展開されていることを互いに知り、学び合う機会となった。

女性法廷の意義と今後の課題

女性法廷はそれ自体が被害者にとっての救済であったという点において非常に意義のあるものであった。また、経験していない人にとっては、女性法廷の再評価をとおして、自らが内包する植民地主義、性差別意識、排外意識に注意を向けるきっかけとなったのではないかと思う。女性法廷の意義がさらに共有されてほしいと切に願う。

第一部のドルコポル氏による基調報告では、日本軍性奴隷制度が植民地主義、性差別、階級差別などの複数の差別構造の上で成立していたことが指摘され、いずれの視点が欠けた補償、賠償、謝罪も被害者にとっての救済には成り得ないことが強調されていた。それらの視点が欠けた場合、どのような要因で日本軍性奴隷制度が成立したのかを見誤り、見当違いの補償につながる。同じ歴史を繰り返さないという態度からもかけ離れることになる。

法廷では日本軍の加害責任とその後の政府による対応を多様な軸で分析する取り組みがなされた。戦時中だけでなく、戦後も続く被害者の苦痛とそれらに対して誠実に向き合ってこなかった日本社会を問うものであった。

開催の土台となった「慰安婦」問題解決運動においても、同様の実践の積み重ねがあった。日本軍性奴隷制度が単に戦争によって起きた普遍的な問題ではなく、女性抑圧、民族差別、階級差別が問題の背景に存在していたことは、被害者が証言し、研究者や活動家らが調査・研究することによって明らかにされてきた。このような運動による知と実践の積み重ねは、今後も引き継いでいかなければならないと確信した。教育のなかで日本の戦争責任を学ぶ機会がほとんどない今、他の場で歴史を記憶していくしかないからだ。

また、女性法廷における草の根や専門家による運動・調査・研究が、昨今のＢＬＭ運動や#MeToo運動を考える上で非常に重要な意義を持つことが説明された。ドルコポル氏は「根本的な変化は、既存の権力構造に対する継続的な問いかけから始まる」と指摘していた。ＢＬＭ運動や#MeToo運動は日本軍性奴隷制問題解決運動と同様に、黒人と白人、性暴力被害者と加害者、女性と男性など、権力関係を生み出す枠組みに対する継続的な問いかけから始まっている。以下は私なりの解釈である。家父長制、植民地主義、階級などは社会的弱者と強者、排除される側とする側などの差別問題を支える土台となっている。この土台を解体しない限り、差別構造はなくならない。すなわち、それぞれの立場がはらむ権力関係を注視し、批判し続ける姿勢が不可欠なのである。

当然、ここでは自らもその権力関係に組み込まれていることに意識的でなければならない。「継続的」な態度は、形を変えて私たちを懐柔させる権力構造に対して、常に注意を払わなければならないが故に、必要な態度なのである。表面的にはこうした姿勢を続けることは苦しいように思われるかもしれないが、自分と相手の関係を大切にし、差別されることもすることもない社会を実現するための前向きなものなのである。

私の世代は日本軍性奴隷制問題の解決を担っていく次の世代とされるが、ここまで続いてきた運動、調査、研究の蓄積、被害女性による告発から学ぶことなくしてこの問題を解決することはできない。また、問題を継続させる既存の権力構造を変えていくためには、権力を振りかざす側ではなく、被害を被る側の視点が必要である。今後、私のように当事者に会ったことのない人、解決運動や戦争に関する直接的な記憶を持たない人が当然増える。その上で、解決のために、私たちなりの方法を試行錯誤していく必要がある。そして何よりも、被害者に対する正義がなされる日が来ることを強く願う。家父長制や植民地主義は時代に合わせて生きながらえるが、先人たちの知と経験の積み重ねから学びつつ、鋭く柔軟な抵抗を続けていきたい。

第II部

サバイバーの証言を聴く／次世代からの提言

第二部概要

梁澄子（日本軍「慰安婦」問題解決全国行動共同代表）

女性国際戦犯法廷20周年シンポジウムは、単に法廷を振り返るだけでなく、その意義を未来にどう継承し活かしていくのかをテーマに開催された。そのような意味で、各国のサバイバーの声に改めて耳を傾け、各国の次世代が自らの思いと活動について語った第2部は、本シンポジウムの趣旨を十分に伝える内容だったと言えよう。

第2部は、今は亡きサバイバーたちの映像、またご存命のサバイバーたちから寄せられたメッセージ映像で始まった。その最初を飾る南北コリアの映像は、１９９１年8月14日、金学順（キムハクスン）さんが初めて公開証言をした日の貴重な映像から始まる。その後、水曜デモに初めて参加した学順さんは「私でなければ言う人がいないと思ったんです。死ぬ前に言っておきたかったのです」と叫ぶ。さらに、１９９２年12月、東京での初の証言集会の映像も、本シンポジウムで初公開された。次は朝鮮民主主義人民共和国から法廷に参加した朴永心（パクヨンシム）さんが、法廷の準備過程で「臨月の慰安婦」が自身であることを確認する映像、その写真が撮影された当時の映像の一部も流された。この映像は、法廷から20年後の２０２０年に発掘されたものである。さらに、本シンポジウムのために撮影された李玉善（イオクソン）さん、李容洙（イヨンス）さんの次世代へのメッセージが伝えられた。

中国山西省南部泌県の被害者たちの貴重なインタビュー映像は、映画監督の班忠義さんが撮りためてきた映像の一部をご提供いただいた。台湾のイアン・アパイさん、陳桃さん、フィリピンのナルシサ・クラベリアさん、エステリータ・デイさん、インドネシア・スラウェシに暮らすチンダさん、ヌライニさん、ジャヘランさん、ドリさん、ミンチェさん、タシヤマさん、東ティモールのマルタさんとエスメラルダさんまで、各国のサバイバーたちの貴重な証言とメッセージ映像の書き起こしを本章に収録した。映像のキャプチャーと共に読んでいただくことで、被害者たちのおかれた状況や思いが伝わると思う。

では、サバイバーたちの声をどう受け止め引き継いでいくのか。各国で活動する若者たちの発言がこれに続いた。最初の2人、東ティモールのマリナ・ガルチョさんと朝鮮大学校の学生は1分メッセージでの動画参加。フィリピン、台湾、アメリカ、韓国、日本の若者たちには、活動の内容、活動の中で経験している困難、今後の展望について語っていただいた。このうち台湾を除く4カ国の若者は当日、時差を乗り越えてライブで参加、互いに意見交換、質疑応答を行なった。ライブ参加のフィリピン、アメリカ、韓国、日本に共通していたのは、程度の差こそあれ日本軍「慰安婦」問題が学校教育、社会教育の場で十分には知られていないという問題意識だった。また、歴史修正主義との闘いが各国でさまざまな形で行なわれていることがわかった。コロナ禍で活動が制限されている困難にも触れられたが、むしろオンライン化された活動の中で若者の利点を発揮している様子がうかがわれた。そして何よりも、サバイバーたちを悲惨な歴史を繰り返さないために闘う勇敢な女性たちとして尊敬していること、それが活動の源泉になっており、歴史の教訓を活かすために日本軍「慰安婦」問題をすべての人が知るべきだと考えていることが披瀝された。また、若者らしい新しい発想の活動を展開しつつ、これまでの運動や研究を引き継ぎ、活かそうとしている姿勢も見られ、たいへん頼もしい姿を示してくれた。

本章では、梁鉉娥（ヤンヒョナ）さんの「被害生存者の証言を伝える意味」、本シンポジウム宣言文、李娜榮（イナヨン）・正義記憶連帯理事長の閉会の挨拶まで、2部のすべてを収録した。さらに、本シンポジウムで司会や発表を担当した若者たちなど、関わりの深い方たちにご寄稿いただいたコラムと視聴者から寄せられたアンケートを収録することで、本シンポジウムがどのように受けとられたのか、その一端を紹介することができたと思う。

法廷そのものが持つ意義とともに、20年の歳月を経て、その取り組みと日本軍「慰安婦」サバイバーたちの意志を受け継ごうとする若者たちの姿から多くを感じられるのではないかと思う。そして、未来への希望を感じることができるはずだ。

1 日本軍「慰安婦」・戦時性暴力サバイバーの証言を聴く

有田　第二部を始めます。第二部の司会を担当いたします、日本軍「慰安婦」問題解決全国行動の有田光希と申します。まずは自己紹介からいたします。私は韓国でちょうどキャンドル革命が取りざたされていた時期に、韓国の若い市民運動の話を聞きたいと思い訪韓をしました。その際にお会いした平和ナビの方との話の中で、日本軍「慰安婦」問題に改めて出会いました。帰国後、希望のたね基金が主催している訪韓スタディーツアーに参加して関心を深め、今は全国行動のメンバーとして活動しつつ、地元・福岡で「慰安婦」問題や徴用工問題をテーマにした勉強会やスタディーツアーの企画などをしています。

第二部は次世代からの提言〜未来につなぐ〜と題しまして、この問題に実際に問題意識を持ち活動している各国の次世代の方々からお話を聞いていきたいと思います。その前に、各国の戦時性暴力サバイバーの方々の証言を聞く時間をとりたいと思います。

有田光希さん

いま、サバイバーの方々が高齢となり、証言集会のような形で大々的にお話を聞くことは難しい状況です。そのような中でも、これからの運動を担う次世代とサバイバーの方々をつなごうという試みは続けられてきました。これからの時間は、この後に討論に参加する各国次世代の方々と、この場に集っているみなさんとで、過去に撮影されていた記録映像を通して、証言に触れたいと思います。

それでは動画について、岡本さんよろしくお願いいたします。

岡本　映像チームの岡本有佳です。〝Fight for Justice：日本軍「慰安婦」――忘却への抵抗・未来の責任〟というサイトの運営委員です。Fight for Justiceは、インターネット上の歴史修正主義に対抗し、専門的で信頼できる情報をなるべく分かりやすく届けるサイトです（https://fightforjustice.info/）。

今回は南北コリアを2つと数えると7つの地域（南北コリア、中国、台湾、フィリピン、インドネシア、東ティモール）の「慰安婦」被害者の証言映像をそれぞれの地域の支援団体に制作していただきました。

新規に撮影したものもありますが、古い映像も含まれているため、画質があまりよくない部分もありますが、貴重な史料ですのでご了承ください。

各証言者のお名前はプログラムに記載されています。

【証言動画制作・著作権者】

南北コリア：女性国際戦犯法廷20周年実行委員会と韓国の日本軍「慰安婦」問題研究会、正義連が協力して制作しました。

中国：班忠義

台湾：婦女救援社会福利事業基金会

フィリピン：リラ・ピリピーナ

インドネシア：日本軍「慰安婦」問題解決全国行動

東ティモール：松野明久・古沢希代子

なお、今後、一部はFight for Justiceで公開していきます。https://fightforjustice.info

本日初公開の映像も含まれています。じっくりご覧ください。

南北コリア
朴永心（パク・ヨンシム）

南北コリア
金学順（キム・ハクスン）

証言者アルバム

日本軍「慰安婦」・戦時性暴力 サバイバーの証言を聴く

南北コリア
李容洙（イ・ヨンス）

南北コリア
李玉善（イ・オクソン）

中国 山西省南部　沁県
李福蘭（リー・フーラン）

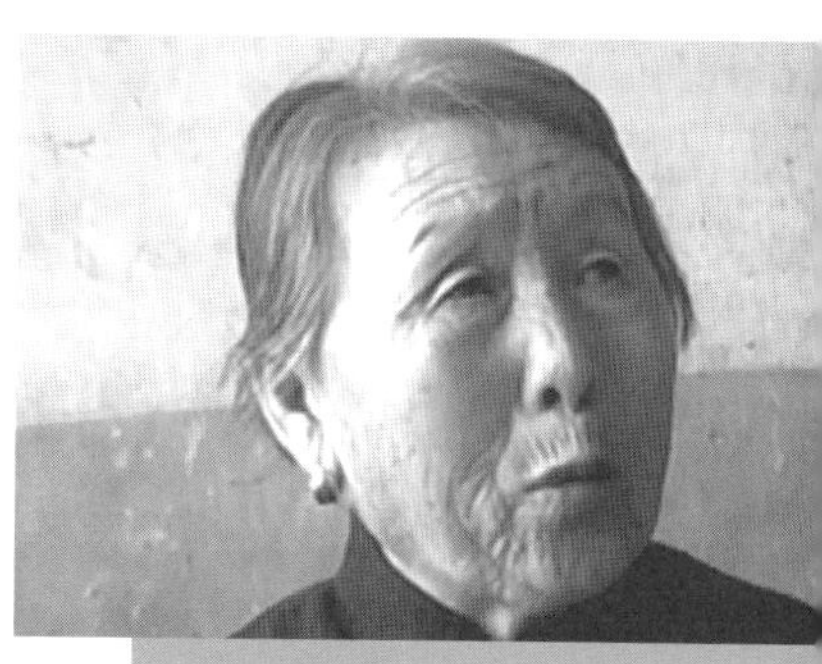
中国 山西省南部　沁県
李金娥（リー・ジンアル）

中国 山西省南部　沁県
李金魚（リー・ジンユー）

台湾
陳桃

台湾
イアン・アパイ（中国名：林沈中）

フィリピン
エステリータ・ディ

フィリピン
ナルシサ・クラベリア

インドネシア　スラウェシ島
ヌライニ

インドネシア　スラウェシ島
チンダ

インドネシア　スラウェシ島
ドリ

インドネシア　スラウェシ島
ジャヘラン

インドネシア　スラウェシ島
タシヤマ

インドネシア　スラウェシ島
ミンチェ

東ティモール
エスメラルダ・ボエ

東ティモール
マルタ・アブ・ベレ

写真提供
南北コリア：VAWWRAC、
　女性国際戦犯法廷20周年実行委員会、
　韓国の日本軍「慰安婦」問題研究会、
　正義記憶連帯
中国：班忠義
台湾：婦女救援社会福利事業基金会
フィリピン：リラ・ピリピーナ
インドネシア：日本軍「慰安婦」問題解決全国行動
東ティモール：松野明久・古沢希代子
カット：HAWA

南北コリア

制作　日本軍「慰安婦」問題研究会、正義連

　この貴重な証言映像に登場するのは、金学順さん、朴永心さん、李玉善さん、李容洙さんの4人だ。言うまでもなく金学順さんは1991年に韓国で名乗り出て、新しい歴史をつくった。水曜デモや東京での証言集会の様子も含まれる。朝鮮民主主義人民共和国に住む朴永心さんは法廷の準備過程で「臨月の慰安婦」だと判明し、2020年には戦場での救出直後の動画映像が発掘された。2人とも故人だ。李玉善さんは2002年の映像で慰安所での被害を語り、2020年映像では若者たちに未来を託した。李容洙さんは2016年・20年の映像で法廷への思いと最後まで闘う決意を力強く語った。

■金学順
初証言公開、当時67歳
韓国挺身隊問題対策協議会
事務室1991年8月14日

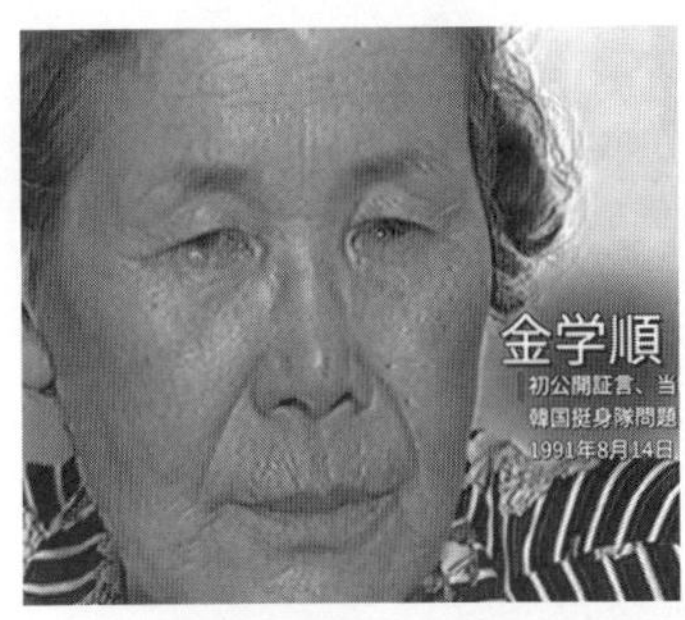

金学順　それが平壌ですね？　はい、平壌です。大同江のすぐ隣です。

　やられながらも、どんなに凄まじくてつらかったか。

　言葉も出ません。当時を思い出さないほうがいい。

　当時を思ったら本当に辛くてどうすればいいかわからない。

集会で初めて公開的に証言をした理由について発言

金学順　私でなければいう人がいないと思ったんです。死ぬ前に言っておきたかったのです。

　本当に死ぬほど悔しいです。韓国の女性たち、しっかりしてください。このままでは胸が張り裂けそうです。

証言映像、当時67歳
金学順ハルモニの話を聞く集い
東京・韓国YMCA
1991年12月9日

金学順　前線の近くだったので銃弾も飛び交っていました。そういう場所に連れて行かれて、真っ暗な夜にトラックから降ろされ、軍人に降りろと命令された後、軍人によって暗い中国式の家に入れられました。その部屋まで連れて行かれると、何もない部屋に連れて行かれてその場で服を脱げと言われました。その後、いきなり襲いかかって服を破ったんです。これをどう表現すればいいのかわかりません。初めてそういう風にやられて本当に言葉で表現できません。

　それでその日の夜、その将校に強かんされて私はもう女ではないと思いました。本当に凄まじく言葉が出ませんでした。どう話せば表現できるんでしょうか。

　討伐作戦が終わった後には（慰安所に）軍人たちが多かったです。その数は10人も20人もいて、その人たちに全部応じなければならないので、その辛さは言葉にもできません。日本の人たちに訴えたい。どうかこれからはこのようなことがないようにしてください。「慰安婦」を犬みたいに連れて行ったんです。私も女なのに、女らしい生活も一度もできず一生このように生きてきた、この恨みをどこに訴えればよいのでしょうか。本当に胸が痛いです。

「日本政府が直接賠償せよ」
韓国挺身隊研究会
ハルモニたち　中断せよ、中断せよ！

「民間募金反対」発言中の金学順ハルモニ

金学順　また暴言を吐きました。本当になぜですか、日本人たち。日本大使よ、ちゃんと聞け！　誰にそんな暴言を吐くのか！

■朴永心

法廷の準備過程で「臨月の慰安婦」だと発掘され、2000年女性法廷のため来日、参加した。その後2006年、朝鮮民主主義人民共和国で逝去した。

朴永心　1938年3月でした。日本の巡査が軍服に帯剣を持ち、洋服店に現れました。「いい金儲けの口があるが行かないか」と言われ、平壌に連れて行かれました。

ナレーション　朴永心さんは、南京、上海などを経てビルマのラシオや松山で「慰安婦」をさせられました。第56師団に同行させられたのです。

（2000年法廷にて）

朴永心　慰安所の経営者が「若春」と名づけました。ラシオには2年ほどいました。

質問者　ここにあなたがいますか？

朴永心　これが私です。連合軍の捕虜となった時妊娠していました。

発言者　今ビデオ証言をした朴永心さんがこの場においでです。

ナレーション　第56師団の一人は写真の妊婦が「若春」だと証言しています。「若春」の本名は朴永心だと書いている兵士もいます。

発言者　以上により朴永心が最前線のビルマで性奴隷の生活を強要され、その責任が当時のビルマ方面軍第56師団長であった被告・松山祐三にあることは明らかです。

女性法廷から20年経った2020年5月。

韓国放送（KBS）が、戦時中の1944年9月に中国雲南省松山で、朝鮮人「慰安婦」たちが米・中連合軍に救出された映像（54秒）を初公開した。韓国では大きな反響を呼んだが、日本では報道されていない。

無音の映像に出てくる多くの「慰安婦」たち。

顔面をひどく負傷した痛々しい姿も。この中に、朴永心さんと思われる姿があった。（映像提供：KBS）

■李玉善（当時75歳）
韓国挺身隊問題対策協議会教育館　2002年9月4日

李玉善　親戚の家がそこにあった。

質問者　蔚山（ウルサン）に？

李玉善　うん。私の親戚ではなく大家さんの親戚の家。その家に行く途中に日本人と朝鮮人が来て連れて行かれた。なので叫びながら抵抗すると、あるトラックに乗せられた。トラックには幌シートがあったから他の人はわからなかった。車に乗せられた。トラックで足をバタバタして降ろせと言うと、口を塞がれて何も言えない、声も出せない。口を塞がれて何も言えないから座って周りを見ると、そこに女性が何人かいた。でも他の人はどこへ行ったのかわからないよ。そこで別れた。

（残ったのは）私ともう一人だけ。それで汽車に乗れと言われて汽車に乗った。

図們（トモン）というところで汽車に乗って延吉に行った。そこからどこへ行ったのかと言うと、飛行場に行った。

それで（飛行場工事の）仕事が、始まったが私たちはすぐには働かなかった。家に帰りたいと言い張って。そうしたら殴られた。それで、あるお姉さんたちは殴られるのが怖くて、怯えながら仕事をする振りをした。私は従わなかった。殴られることは恐くなかった。鼻血が出ても。なぜこのようなことをさせるのか、家に帰らせずにと抵抗した。

日本のやつらは本当に下品でさもしいのよ。本当にそうなのよ。人（の目）がたくさんあるのも気にしない。女が10人いたら10人、20人いたら20人。思う存分強かんするのよ。全然他人の目を気にしない。その後仕切りを作った。私たちが騒ぎ立てたから。仕切りを作って一人ずつ分配した。でもそれは「慰安婦」でもないよ。部隊の中だよ。そこでやられて、逃げることもできなかった。

私たちがあまりにも騒ぎ立てたから、日本のやつが行こうと言った。行こう、と言ったから家に帰らせるのかとみんな喜んで出てくると、西市場という市場があった。そこ（延吉）に行くと慰安所という大きい家があった。西洋式の家で、看板があった。「慰安婦」として連れて行かれたのよ。私たちは家に帰れると思って喜んで行ったのに。そこで客の相手をさせられた。平日はマシだけど日曜日が忙しい。日曜日は軍人たちが並ぶのよ。2列を作って、それが遠くまである。それを全部相手にしなければならない。一番若いのが14歳だよ、そこで。一番若いのが14歳、15歳……一番上が17歳。14歳の女の子に、軍人30、40名の相手をさせるのが、可能なのか。食事もひどい。

週1回、部隊の病院で私たち女性たちを（性病）検査して何かがあったら病気だと言って相手をさせなかった。

その時には名札に名前を書いた。私の朝鮮名の玉善と書かずに日本名に変えて書いた。私はトミコと呼ばれた。そこに名札をかけといて、もし病気であるとその名札をひっくり返しておいた。この人は接客ができない、ということで。だ

けど接客させられた。病院には内緒にして。私は病気、梅毒になって本当に大変だったよ。サルバルサン、六〇六号を打ったあとがあった。何十年経ってなくなったけど、今も小さな傷跡がある。下がただれたのよ。だから相手できないでしょ。病気ですごく苦労したよ。それで子どもを産めないよ。たくさんの14歳15歳（の女の子）が連れて行かれて、まだ成熟してないと言って叩かれて苦労した。

そして軍人たちが押し寄せる時には、一つの部屋で2、3人と一緒に寝るのよ。日本人がこんなにさもしくて汚いのよ。17歳の時だったよ。

■李玉善（当時93歳）
ナヌムの家にて
2020年11月4日

李玉善　私たちの力が足りないからね。日本（政府）に謝罪しろしろ（と言っても）しない。日本の方に何とかお力添えをいただき、日本（政府）から早く謝罪してもらうようにお願いしたい。

若い人は韓国をよく守って、その（昔のような）国にならないようにすべきだ。韓国の歴史は、他国よりも痛恨の歴史だ。なのでこの歴史をみんなが知ってほしい。若者たちがこの歴史を知り、ハルモニ（おばあさん）たちがみんな死ぬ前に、謝罪をもらうように。

■李容洙（当時89歳）
第1213回目水曜集会
2016年1月13日

李容洙　私たち、数十万人が連れて行かれました。その人たちが恥ずかしくて（「慰安婦」の）の申告をし

なかったわけではありません。みんな亡くなりました。申告した人が238名です。その人たちも、みんな謝罪と賠償をもらうべきです。そのため私は決心しました。私は最後まで若者たちとこの歴史を残すために 最後まで闘います。私は89歳です。(「慰安婦」に関する社会)運動をするのにちょうどいい年齢です。 みなさん大好きです。

法廷へのメッセージ
2020年9月29日

李容洙　女性国際戦犯法廷20周年になりました。この女性法廷が本当に重要だと思い、法廷当日は嬉しい日でした。本当に20周年行事に行きたいですが、コロナウイルスの流行で行けないことを、お許しください。今生存されている被害者の方々、頑張ってください。「慰安婦」問題が解決できれば、世界が平和になるし、日本が謝罪し賠償するならば、いい日本になると思います。「慰安婦」問題解決のための日本の諸団体の皆様、頑張ってください。私は93歳ですがまだ若いです。最後まで皆様と頑張りたいと思います。

中国

監督　班忠義

1944年の年末、1945年のはじめ頃にここ沁県・交口砲台で発生した性暴力事件を紹介する。当時こうした事件は頻繁にあった。現地の住民の紹介で３人の生き証人に会えた。

中国山西省南部

沁県

住民　ここは２本の幹線道路の交差点だ。北の太原から南に来る車は、ここで東西の道にぶつかる。そこの村は交口村というんだ。

日本軍は点と線をつなぎ、１９４０年初にこの道沿いの南山に交口砲台をすえた。

被害者の李金魚さんに会いに行った。私たちは民間組織で、現地で調査を行ない、医療支援も行なう。被害者にできるだけ迷惑をかけないよう、調査は村はずれや家の中など人に見られない場所を選ぶ。

妹さんの案内で、李金魚さんが寄寓している村に行った。村はずれで李さんを待った。妹さんは10歳若い。土地の言葉がわかる。

（車の中にて）

監督　捕まった時何歳？

李金魚　15歳

監督　そんな子どもで。結婚は？

李金魚　してない

30人。みんな亡くなった。

監督　当時はどこの村に?

李金魚　羊庄村。

監督　連れていかれたのはどこの砲台?

李金魚　交口砲台。

監督　何人捕まった?

李金魚　30人。みんな亡くなった。年上だから。全員女性で、男性はいない。

卵と食糧と引換えで解放された。当時の村には維持会がなく、日本軍が討伐に来たらしい。

付近の村には性暴力被害者が多くいる。もう一人の被害者・李金娥さんの家を訪れた。

李金娥　3人一緒に捕まり、南山の交口砲台に連れていかれ、山で何人か解放され、7人残された。私らは2、3か月そこにいた。

戻る時は砲台から家までこの道を歩く力もなかった。うちのおじは戻ってすぐ死んだ。私も2、3年動けなかった。

ここを見て、ここ、腕も折れて、ぐにゃぐにゃだ。眼のふちとか、頭にもコブが残ってる。

あと李福蘭だ。李金魚、李福蘭、同じ村で一緒に住んでいる。

李福蘭のことを聞いて、李金魚の妹さんに李福蘭の家を教えてもらった

この日、李福蘭は具合が悪く、横になっていた。

(李福蘭さんの家)

李金魚の妹　この人よ、ちょっと来てみて。

監督　こんにちは、明かりは?

李福蘭　どうぞ。具合悪いの。何日も寝たきり、動けない。誰もいないからずっと寝ていたけど、お腹と背中が痛い。できものが背中に……。

監督　お腹に?

李福蘭　背中よ。

監督　これは?

李福蘭　足にもこんなコブが。銃床で殴られた。動けなくなるまで。

監督　証拠写真を撮りましょう。

李福蘭　精神異常になった。殴られた後は体も心もおかしくなった。

数日後、3人で久しぶりに羊庄村に行き、暴行された証拠を求めて監禁された砲台まで行った。

（羊庄村にて）

李金魚の妹　この建物はうちだった。あの家は山で殺されたおじの家だ。

監督　どこで捕まったの？

李金魚　この建物の中。妹を抱いてここにいたら、妹をおろせと言った。無視すると、銃剣で妹の胸のところに刺すしぐさをした。妹の腹のところに擦り傷を残した。家の皿などを籠に集めると、私の背中に銃剣を突き付けながら、出て行った。今行く所まで押して行かれ、人を集めると山に上がった。

監督　捕まったときはどんな？

李金娥　この家の中で捕まった。ここまで連れてこられ、いとこ妹たちに出会った。

同じ日に連れていかれた李金娥が、現場で話してくれた。

李金娥　女性を山に連れて行き、大部屋に監禁したんだ。女性を呼びに来て、呼

ばれた人は部屋を出ていく。戻ってくると、別の人が呼ばれる。戻った人はぐったりして身動きできない。

（李福蘭さんの旧家前にて）

李福蘭　この狭い家は今は人の家だが、見て、もと中庭だった。連中が家に入って来た時、私と母はオンドルの脇にいた。何人も入ってきて、家で乱暴された。私は部屋から逃げ出したが、ここで追いつかれ犯された。

ここだ。家で1人、ここで3人に……。逃げ出すと追いかけてきた。家に1人いて、這い出して逃げると、追いかけてきたんだ。あそこにもぐりこんだ。足が遅いからこのトイレにもぐりこんだ。

こういうレンガじゃなかった。私を捕まえると殴り、逃げられない。ナイフで足を突かれた。今でも足にコブがある。殴らないと逃げるから。

結局5、6人が村はずれから砲台に引っ張って行かれた。

連行された駐屯地に案内され、その南山に登った。
（南山の上にある日本軍の「拠点」の前で話してくれた）

李金魚　私たちの監禁部屋は、この坂の上にあった。

李福蘭　このあたり。監禁部屋はここにあったと思う、ここに。あの部屋は上が兵営だった。

李金魚　外に出られない。トイレも監視された。下を向いてついていくだけ、顔をあげるなんてできない。

（李金魚の妹の家に戻ってからも彼女たちは昔のことを思い出す）

李金魚　家に戻った後いつも血が出た、二年も。医者にも行ったが、膣にこぶし大の腫れができ、腫れてひどかった。ちょっと座っただけで腫れて痛い。

李福蘭　ズボンもはかずに逃げた。でも逃げられず、また捕まった。連中は協力し合っているから、逃げられない。

　1人が私を後ろ向きにして背負った、トイレの所で。2、3人が立ちふさがって、私の両腕をつかみ、もう1人背後から、強かんする。部屋の中ではオンドルの上で1人にレイプされた。無視すると殴られた。往復ビンタされた。

　連中がいなくなっても、家で寝ないようにした。戻って来る気がしたから。夜は野宿した。寒い日は、翌日朝、顔中が白くなった、雪が積もったみたいに。13日間も野宿し、昼間に家に戻って食べた。

　自責の念が強く、いじめられ、毎日びくびくして、ご飯も喉を通らなかった。誰か来たというと、震えて動けなくなった。震えが止まらず、一生治らない。

もう1人は背後に、トイレの所にいた。

台湾

制作　婦女救援社会福利事業基金会

この映像は、婦女救援社会福利事業基金会制作ドキュメンタリー『阿嬤の秘密』(1998年)と『蘆葦の歌』(2014年)から構成した。いずれも女性監督で、被害者の声と回復への道を歩む姿を伝える。『阿嬤の秘密』は漢族7名・原住民6名計13名の女性たちが50年間もの秘密を破り、涙とともに自らの被害を語る。『蘆葦の歌』は、10数年後、大部分がこの世を去りわずかになった阿嬤たちが心理治療を兼ねたワークショップで自らの心と身体に向き合い、自身の誇りを取り戻す過程の記録である。

台湾

1895〜1945年まで台湾は日本の植民地だった。阿嬤(アマ、おばあさん)たちは日本人であることを強制される中で暮らしてきた。

台湾の「慰安婦」被害の形態は2とおり。

①漢族の女性たち

海南島やフィリピン、インドネシアなど国外へ看護婦や食堂の給仕の仕事があると騙されて連れ出され、「慰安婦」にされた。

②原住民の女性たち

自分たちの住む部落の近くに駐屯していた日本軍部隊の中で、警察に繕い物やお茶出しなどの雑役をするようにと言われて働くが、そのうち日本兵による性暴力を受けた。

■イアン・アパイ(林沈中)

1927〜2013(花蓮県/タロコ族)

17歳の時に、警察に日本軍の駐屯地で働くように命令された。

被害場所　台湾花蓮県

被害期間　約420日、性奴隷にさせられた。

イアン　日本統治時代、この後ろに日本軍の部隊がいた。原住民の部落にいた警察官が部隊で女の子の働き手が必要だからと言って4人連れて行った。

うちは貧しかった。3人の兄は徴集されて軍夫として南方に行っていた。家に残ったのはおばあさんと年老いた両親だったので働きに行こうと思った。17歳のときで未婚で処女だった。

最初は8時から5時まで働いていたけど、台所のそばの小屋に住み込むように要求された。年上で結婚している同僚もいた。その人は3人の子持ちだったけど、子どもたちと一緒にそこに寝泊まりさせて帰そうとしなかった。

一晩に多いときは兵隊が5人だった。大体2時間ぐらい。半年近く「慰安婦」の仕事をさせられ死ぬほどつらい毎日を過ごした。3回妊娠したけど部隊の医者が堕胎薬を飲ませた。

日本が投降した後結婚した。でも結婚は失敗した。3度結婚して3度とも離婚した。私が「慰安婦」をしていたことを知って耐えられなかったから。そのころタロコの部族は貞操観が非常に厳しかった。だからその中で生活するのは辛かったよ。夫に自分の間違いではない、日本の警察官と兵隊に強制されたと言ったけどやはり離婚されてしまった。3度の結婚で非常に苦しい思いをした。何度も自殺しようとしたけど子どもたちのことを考えた。自分が死んだら面倒をみる人がいない。

この苦しみと矛盾の中で50年間生き長らえてきた。今でも苦しかった過去を忘れ去ることはできない。私の一生は本当惨めだよ。

イアン　かつては夜寝るとね、必ず洞窟の夢をみました。自分が洞窟へ入っていく夢を見るの。夢の世界はひどく混乱している。それは私の過去、悪夢です。

私のことは部落中が知っていた。「慰安婦」をさせられていると。でも洞窟だったのは知らない。最後は場所も知られ、人に質問されたわ。何人と？　何回やっ

た？　私は言い返してやった。「これは日本の命令」。私はふしだらな女じゃない。「私に拒否することは不可能でしょ」。

誰だってわかっていたはず。「日本」は必ず思いどおりにすると。だから周囲も次第に悪口を言わなくなった。

■陳桃（チェン・タオ）

1922〜2016

19歳でインド洋アンダマンに連れていかれる。帰国後も職業を転々としながら養子を育てる。日本政府へ謝罪と賠償を求める姿勢はいつも毅然としていた。

陳　私たちの時代は、高校を卒業しさえすれば小学校の教諭になれた。私はまず教師を目指したの。教師をしながら勉強を続けようと、そう考えていた。でも私の夢はすっかり台無しになった。帰国しても勉強はもう無理。25歳でもうできるわけない。思い出すだけで涙が出る。家族が見つからず、探し回ってやっと見つけた。家に入ってすぐ、ただいまって言ったの。叔父さんに挨拶をした。私の目から涙が流れたよ。叔父さんは私を見たとたん立ち上がり、叔父さんは座っていたけど、立って私に近づき、いきなり私のトランクを家

の外へ投げ捨てた。叔父さんはその時、私をこんなふうに罵った。お前みたいな卑しい女は知らない、一族の恥だと言われたの。

私は言い返した。あなたは間違ってる。私が望んでしたことじゃない。強制的に連行されたと知っているのに、酷すぎる言葉だと。

社会民主党福島瑞穂党首に訴える。

陳　あの、おばあちゃんたちにねお詫びしてもらいたい。私の考えはね、お金はいらない。日本政府が出てきてね、お詫びしたら、もう許すよ。

それが今、今ね私たちが、あの、おばあちゃんたちがね全部、今年も2人、去年も2人、毎年2人ずつ亡くなってる。それで現在は10名しか残っていない。だからね、私の願いはね、日本政府が早く出てきてお詫びしてもらいたい。

そして日本政府、日本のずるいところはね、60年前の歴史を隠してる。若い世代、あの、若い人たちにね。だから若い人たちは全然昔のこと知らない。あの歴史を隠してる。ずるいよ。

最後に

現在、台湾の生存者は2人だけになりました。

私たちは、この苦痛の中で生き、勇気を持って自分の体験を証言してきたアマたちを尊敬し、彼女たちの歴史を次世代に伝えていく努力をしていきます。

アマ・ミュージアムは一時閉館しましたが、2021年には新たな場所で再オープンする努力をしているところです（2021年9月現在、再オープン）。

フィリピン

制作　リラ・ピリピーナ

この映像は、フィリピンのサバイバー団体「リラ・ピリピーナ」スタッフのビンス・レアソンダさん（p.140）らが制作した。証言の撮影は２０１９年。証言者のナルシサ・クラベリアさんは、日本兵に目の前で家族を拷問され、姉たちと連れ去られる際、残った家族ごと家を焼き払われた。もう一人の証言者エステリータ・ディさんは、農産物を市場に売りに来た際、ゲリラ容疑をかけたフィリピン人を虐殺しに隣接する広場に来た日本兵に捕まり、駐屯地に連行された。お二方とも証言や若者との交流などを続けてくださっている貴重な存在である。

（字幕：「リラ・ピリピーナ」サポーター：澤田公伸、福田美智子）

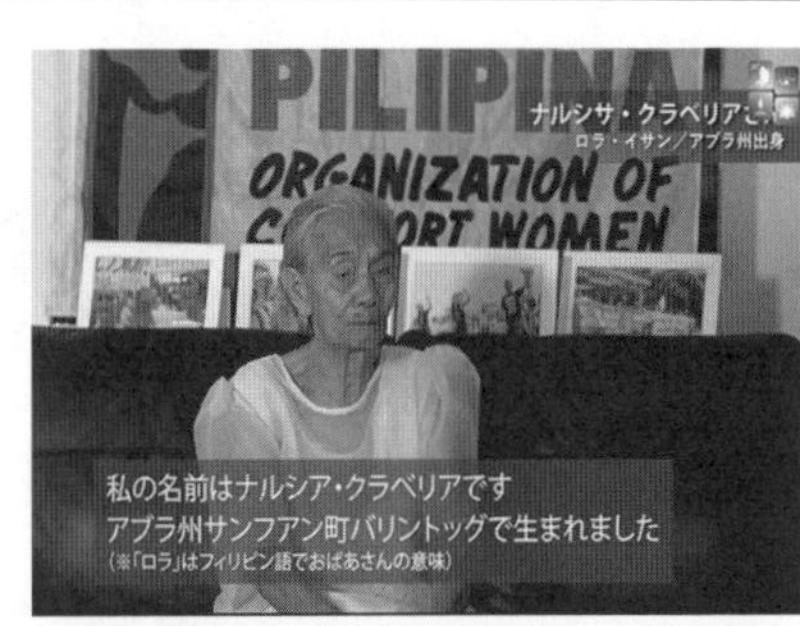

PILIPINA
ORGANIZATION OF
C…ORT WOMEN
ナルシサ・クラベリアさん
ロラ・イサン／アブラ州出身
私の名前はナルシア・クラベリアです
アブラ州サンファアン町バリントッグで生まれました
（※「ロラ」はフィリピン語でおばあさんの意味）

■ナルシサ・クラベリア
（ニックネームはロラ・イサン／アブラ州出身）
※「ロラ」はフィリピン語でおばあさんの意味。

ナルシサ　私の名前はロラ・ナルシア・クラベリア。私はアブラ州サンファアン町バリントッグで生まれました。

PILIPINA
RGANIZATION OF
OMFORT W…EN
私は「ガブリエラ」の傘下団体「リラ・ピリピーナ」の
メンバーでエステリータ・ディといいます

■エステリータ・ディ
（西ネグロス州出身）

エステリータ　私は女性団体「ガブリエラ」傘下団体の「リラ・ピリピーナ」のメンバーのエステリータ・ディといいます。私はもう89歳になります。

ナルシサ　日本軍が来る前、私たちの生活は豊かでした。

　父はたくさんの牛を飼っていましたし、お米やトウモロコシも栽培していました。母も豚を育てたり、鶏を飼ったりしていました。

エステリータ　日本軍がやって来る前、私たち家族はアシエンダ・リサレスというサトウキビ農園に住んでいました。

　私のパパは農民で、私の兄弟2人も一緒にサトウキビ農園で働いていました。

（英語ナレーション）

　1941年12月7日（ハワイ時間）、日本は真珠湾を攻撃して太平洋戦争を開始し、アジアの国々の占領に乗り出した。

　アジア太平洋地域の超大国になるという野望をもった日本が起こした戦争だ。

　この戦争が、当時米国からの独立準備期間にあったフィリピンの人々の人生を一変させた。

ナルシサ　1943年に日本兵たちが私たちの所にやってきました。

　彼らは私の父親の手をこんな風に後ろ手に縛って、家の階段の下にあった大きな柱にそのままくくり付けました。

　それから日本兵は父親に近づくと、持っていた銃剣を取り出して、父の体の皮膚を切り刻んでいったのです。

　そして私が2階にあった居間にたどり着くと、母親がスカートをめくりあげられて、スガという日本兵によってレイプされていました。スガという名前はよく覚えています。後に駐屯地で私たちは長い期間にわたり一緒にいたから。

　その後で、6歳だった弟のクレメンテと4歳だった末っ子のヘルニアが、棒を持ち出して、小さな子どもにもかかわらず、日本兵を叩こうとしました。それを見た日本兵が二人をひっつかむと銃剣で刺し貫いたのです。私たちの経験したことは本当につらく苦しいものでした。

　それから私たち3人姉妹が一列にさせられ日本兵たちに連行されました。そのまま父親らから引き離されて、日本軍の駐屯地に連れて行かれたのです。

　私が途中で振り返ると、私たちの家から煙がもうも

フィリピン

途中で振り返ると家から煙がもうもうと上がっていました
日本兵が家を焼いたのです

うと立ち昇っていました。日本兵が家を焼いたのです。だから私の知っている限りでは、父親と母親、そして小さな私の弟たちはみな、おそらくあの家とともに焼かれたのでしょう。私たちが解放された後も、彼らに再び出会うことがありませんでしたから。

彼らは教会近くの公園に下ろされました

エステリータ　ある日、日本軍のトラックが一台やってきて、荷台にゲリラの容疑をかけられたフィリピン人たちが載せられていました。彼らは教会の近くにあった公園に下ろされました。当時、その公園の一画には井戸があって、庭を管理する人がいつもその水を草花にやっていました。

日本兵はそのフィリピン人たちを列にして並ばせ、そのまま順番にゲリラ容疑をかけた人たちの首を切り落としていきました。

何人かは走って逃げましたが、日本兵から銃で撃たれました。私は市場の柱の陰に隠れていたけれど、私のことを見張っていた日本人が一人いました。私は怖くなって、突然走り出したけれど、その日本兵に追いつかれそうになり、そのまま倒れてしまいました。

その日本兵は私に追いつき、私の髪の毛をつかんで立ち上がらせました。私は手を十字の形に後ろに組まされて、そのままトラックまで引き連れていかれました。

（ナレーション）

駐屯地は、日本兵に「慰安」を提供するために使われた（病院や教会、役場などが接収されて駐屯地となり、女性たちはそうした駐屯地に連行・監禁された）。

ロラ・エステリータやロラ・ナルシサのような女性たちは、日本帝国軍によって家事労働や性奴隷になることを強制された無数のフィリピンの女性たちの一部である。

このことは、日本の戦争の公文書として残っている、フィリピン中部の「慰安所」の設置場所の詳細を示した医療報告書の発見によって事実であると裏づけられている。

のちに、フィリピン各地から、数百名にのぼる女性たちが名乗り出て、日本兵の性奴隷にされた体験を語った。

ナルシサ　私はそのまま日本軍の駐屯地に連れて行かれました。そして、そこで私は日本兵らに次々にレイプされました。

エステリータ　私たちは日本兵らにトラックの荷台に乗せられて、彼らの駐屯地に連れて行かれました。

駐屯地に到着すると、トラックから降ろされて、駐屯地の中の建物にある部屋の一室に無理やり連れ込まれました。他の女性たちもどこかに連れて行かれました。それから、一人の日本兵がやってきて私をレイプしました。それに続いて別の日本兵もやってきました。私は日本兵に痛めつけられたように感じ、彼に抵抗しました。するとその日本兵は怒りだし、私の両耳をつかむと、近くにあったテーブルに私の頭を思いっきりぶつけました。

私は意識を失いました。

その後、意識を取り戻すと、もう日本兵はいませんでしたが、一人のフィリピン人女性が私に近づいてきて、私にアドバイスしました。

抵抗してはいけない、抵抗したら日本兵らに殺されるかもしれないと。痛めつけられないために彼らの好きなようにさせて、抵抗せず、静かにするよう言われました。それからは日本兵にレイプされても、ただ私は目を手で覆って、泣くだけしかできませんでした。

GANIZATION OF
MFORT W
私の両耳をつかむと 近くのテーブルに
私の頭を思いっきりぶつけたので

ナルシサ　日本軍の駐屯地にいる間、私たちも飢えに苦しみました。それも日本兵らが私たちに加えた罰の一つでした。

たぶん1945年になってからだと思いますが、私たちのいた駐屯地が爆撃されるようになり、フィリピン人ゲリラも日本兵たちを襲うようになってきました。

ある日、フィリピン人ゲリラが駐屯地も襲撃しました。日本兵たちは私たちを部屋に残してドアも閉めたまま、それぞれ勝手に逃げ出しました。フィリピン人ゲリラたちは私たちの声を聞きつけ、ドアを壊して私たちを助け出してくれました。

エステリータ　私はてっきり夢を見ているのではないかと最初いぶかしく思いましたが、アメリカ兵が駐屯地の中に入ってきた姿を見て、現実なんだと思いました。彼らは捕まっていた者たちを解放していきました。私もそこから抜け出して、家に帰りました。母親は、私が死んだものだと思っていたので驚いていました。

（ナレーション）

日本は敗戦後、平和主義国家となったが、安倍晋三の軍国主義的な政策と、アジア太平洋における米国の軍事上の配下のような振る舞いは、日本を再び侵略戦争の道へと引きずり戻した。実際、２０１９年10月にフィリピン国内で実施された米比合同の実戦演習に、日本は初めて要員を送った。

また日本は、フィリピンにとって最大の債権国であり続けており、日本が、フィリピン政府に対して政治的な意図を押し付け、圧力をかけることにつながっている。

その政治的な意思とは、特に日本の戦争犯罪の記憶を消そうとするものであり、とりわけ「慰安婦」問題が標的になっている。

2017年12月8日「慰安婦」像がマニラで除幕された

２０１７年12月8日、「慰安婦」像がマニラで除幕された。日本の政府当局者が、像の設置に「遺憾」の意を表明した後、像は撤去。設置からたった4か月後のことだ。

2019年にはリラ・ピリピーナと支援者らが像を再設置することにしたが

２０１９年にはリラ・ピリピーナとその他の支援者らが像を再設置することにしたが、設置の式典の数日前に、像は行方不明になったのである。

第二次世界大戦の終結から75年経っても、ロラたちの正義はいまだ実現されないままだ。

■シャロン・カブサオ=シルバ（「リラ・ピリピーナ」コーディネーター）

シャロン　ロラたちの歴史は、犠牲と大きな苦しみの歴史です。

しかし、それは傑出した

勇敢さの闘いと、人間の意志の勝利の歴史でもあります。

日本の戦時性奴隷制の問題は、日本が加害国として、その責任を認識し公式に認めないでいる限り、解決するものではありません。

同様に、侵略戦争や軍事主義、独裁主義が世界を苦しめている限り解決するものでもありません。

今日、それらの問題が起きている国々で女性たちが経験していることは、ロラたちが第二次世界大戦中に経験したことと類似するものです。

とはいえ、多くのロラたちはすでにこの世を去りました。ですから、今、この闘いを続けていくのは、あなた方、世界の若い人々にかかっているのです。

私たちは奮闘しなくてはなりません。そしていつもロラたちのことを記憶し、忘れてはなりません。

インドネシア　スラウェシの被害者

制作　日本軍「慰安婦」問題解決全国行動

アジア太平洋戦争において、日本軍は３年半にわたってインドネシアの島々を占領しました。その間、多くの女性たちが性奴隷としてすさまじい性暴力被害にあいました。

いまだ国家による真相究明や被害者支援は実施されず、被害者の生活支援などの取り組みも行われないまま、高齢となられた被害者は病気やトラウマに苦しんでおられます。2019 年 9 月に南スラウェシ州を訪問した時の被害者のお話を中心に現状と課題を報告します。

インドネシア　スラウェシ

２０１９年９月インドネシア・スラウェシ島の被害者を訪問した。

パレパレに暮らすチンダさんの自宅を訪れた。チンダさんが出迎えてくれた。

チンダさんはこの長屋に住んでいる。ガラスの破片が落ちたりしていて危ない庭で鶏が放し飼いにされていた。チンダさんはここに間借りしている。

この日、一緒にお菓子を作る予定だった。しかし、すでにお菓子は出来上がっていた。チンダさんは朝早くから私たちのために作ってくれたのだ。このお菓子でチンダさんは命をつないできた。

このお菓子でチンダさんは命をつないできた

１９９２年７月、インドネシアの日本軍「慰安婦」被害者としてソロに暮らすトゥミナさんが初めて名乗り出た。

１９９３年４月日本弁

Tuminah
1992年7月、インドネシアの日本軍「慰安婦」被害者として
ソロに暮らすトゥミナさんが初めて名乗り出た

元兵補協会のネットワークで被害者と関りを持ち
1600人以上の証言を集めていた

護士会が呼びかけた調査にインドネシア法律扶助協会（LBH）が協力。LHBジョグジャカルタ支部だけで1万7千を超える被害者が登録した。

1995年には元兵補の未払い給与の支払い等を求めて活動している元兵補協会に2万人を超える登録があった。

1995年「国民基金」がスタートしたが、調査は不十分なまま日本政府は政府資金で3億8千万円とした。その資金でインドネシア政府は高齢者福祉施設を69か所建設したが被害者には謝罪も補償もしないまま、2007年「国民基金」も終了。

元兵補協会は、前会長が亡くなり、モハマド・ダルマウィさんが代表となり南スラウェシ州エンレカン県カロシに移転した。

「慰安婦」問題に熱心だったダルマウィさんは日本の研究者たちとつながり南スラウェシ州元「従軍慰安婦」支援協会を立ち上げた。元兵補協会のネットワークで被害者と関わりを持ち1600人以上の証言を集めていた。

2012年「慰安婦」問題を記憶することが大切と考える日本の研究者数名でダルマウィさんたちとのつながりの中で南スラウェシ州での調査が始まった。

そうして2014年の調査で出会ったチンダさんが2016年11月来日した。チンダさんは初めてたくさんの人の前で自分の被害を語った。

1995年「国民基金」がスタートしたが、調査は不十分なまま日本政府は政府資金で3億8千万円とした。その資金でインドネシア政府は高齢者福祉施設を69か所建設したが被害者には謝罪も補償もしないまま、2007年「国民基金」も終了。

元兵補協会は、前会長が亡くなり、モハマド・ダルマウィさんが代表となり南スラウェシ州エンレカン県カ

インドネシア　スラウェシの被害者

ロシに移転した。「慰安婦」問題に熱心だったダルマウィさんは日本の研究者たちとつながり南スラウェシ州元「従軍慰安婦」支援協会を立ち上げた。元兵補協会のネットワークで被害者と関わりを持ち1600人以上の証言を集めていた。

2012年「慰安婦」問題を記憶することが大切と考える日本の研究者数名でダルマウィさんたちとのつながりの中で南スラウェシ州での調査が始まった。

そうして2014年の調査で出会ったチンダさんが2016年11月来日した。チンダさんは初めてたくさんの人の前で自分の被害を語った。

■チンダ

チンダ　みなさん、こんばんは。私の名前はチンダです。南スラウェシから来ました。

私が12歳のときから、母は日本の綿を紡ぐ仕事をさせられました。母は日本人に強制的に働かされました。綿から糸を紡ぐ仕事です。（母は）1年間仕事をしました。（母が病気で家に帰され）私は将校のオケダが宿泊しているところに呼ばれました。

日本兵に捕らえられ、オケダのところに連れて行かれました。そうして、私はオケダに強かんされました。嫌だというと蹴とばされました。

チンダさんは市内のこの通りの横にあった工場に連れて行かれた。今は空き地になっていて何もない。空き地の向かいの建物は将校の兵舎だった。チンダさんが呼び出された場所と思われる。日本軍が掘った井戸が今も残っている。

チンダ　私はオケダに会いに日本へ来ました。（オケダが）もし生きているなら、オケダが行なったすべての行為に対して責任を取ってほしいです。

戦争が終わって家に帰ると両親は亡くなっていた。

周りからは「あなたは汚い」と言われそこに住むことはできなかった。

そして、中国人の家で家政婦をしていたチンダさんは自分でお菓子を売って生きていきなさいと教えられた。それから今まで独りで生きてきた。

チンダ　日本政府は私たち、私のことを気にかけてほしいです。なぜなら、私には家もありません。人の家に住んでいます。何も持っていません。家族もいません。

私は貧しいです。今日まで何も持っていません。日本のせいで夫もいません。

この大阪での出会いがスラウェシ島訪問につながった。3年ぶりのチンダさんは足が痛いと言っておられた。着物が欲しいと言われたチンダさんに浴衣をプレゼント。

インタビューの中で慰安所での悲しい出来事を話してくれた。

それから今までひとりで生きてきた

チンダ　日本兵が一人の兵補に妹を連れてくるよう命令しました。そうしたら妹は日本兵にレイプされてしまった。レイプされている部屋の外にいたその兵補はその場でピストル自殺してしまった。私はその場にいたけど何もできなかった。

その兵補の妹は貴族の娘だった。妹も自殺したそうだ。スラウェシでは「恥（シリ）」の文化があり激しく差別される。

いつが一番、つらかったかと訊くと、

チンダ　今がいちばんキツい。なぜって足が痛くてお菓子を売り歩けないから。

今がいちばんキツい。

お菓子を売り歩くことは、独りで生きてきたチンダさんのプライドなのかもしれない。最近は伝統菓子の作り方を、大家さんと近所の女性にチンダさんが教えている。

港町パレパレから山岳地帯のカロシをめざし車を走らせた。この渓谷に日本軍はたくさんのトーチカを作った。谷底の川から砂を運ぶ作業を女性たちもさせられた。

オランダ軍戦闘機の襲撃

に備えるためのトーチカが今も残っている。秘境トラジャまでの道沿いに日本軍の駐屯地がたくさんあった（駐屯地跡）。慰安所のあったところ　3棟の建物があった（チャルック）。

慰安所のあったところ　3棟の建物があった（チャルック）

■ヌライニ

カロシでお会いしたヌライニさん。チャルックの慰安所に入れられ被害にあっ

チャルックの慰安所に入れられ被害に

た。解放されたとき、塩をひとつかみもらっただけでほり出された。家で待っていてくれた父は3日後に亡くなった。

■カロシのジャヘラン

チャルックの慰安所で被害を受けた。家に帰ると父に殴られ1年間も家から出してもらえなかった。思い出すと涙がでるそうだ。2020年4月永眠されました。また会えると思って

いたのに残念です

■ドリ

お孫さんとカロシの高床式の自宅に暮らすドリさんを訪問した。全盲のドリさんは日本語で歌を歌ってくれた。もし目が見えたら自分をレイプした人をこの人だと言えるといっていた。

もし目が見えたら自分をレイプした人を
この人だといえるといっていた

南スラウェシ州の州都マカッサル。観光の拠点でもある。当時の地図に慰安所が記載されており、いくつかの料亭とされるところも慰安所であったと思われる。慰安所とされる場所で当時を知る人に出会った。慰安所があったところだと教え

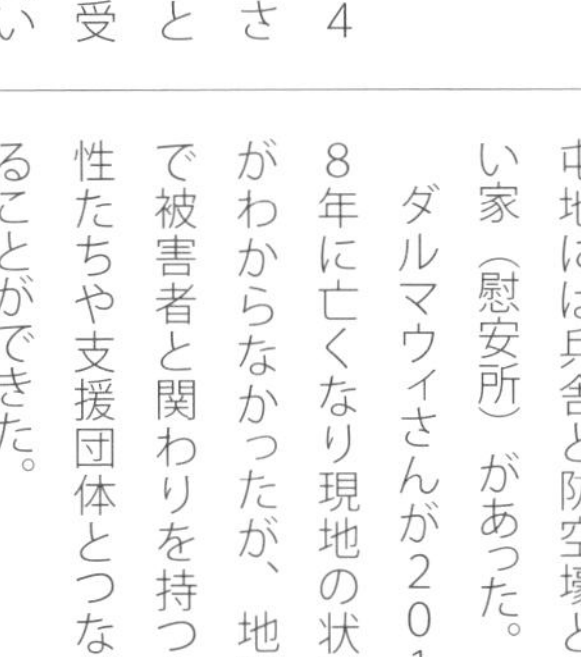

てもらった。竹の塀があり港から制服を着た少女たちがここに連れて来られたのを見たそうだ。

■ミンチェ

マカッサルでは２０１４年に来日されたミンチェさんにお会いした。14歳のとき日本軍に捕まり被害を受けた。父に殺されると思い家に帰れなかった。

■タシヤマ

マカッサルのタシヤマさんからもお話を聞いた。13歳のとき市場で日本軍に捕まった。連れて行かれた駐屯地には兵舎と防空壕と長い家（慰安所）があった。

ダルマウィさんが２０１８年に亡くなり現地の状況がわからなかったが、地域で被害者と関わりを持つ女性たちや支援団体とつながることができた。

２０２０年９月、支援団体のヌルさんからミンチェさんの写真が送られてきた。お元気そうだが生活が苦しいのは変わりない。

最近のチンダさんは少し目が見えなくなってきたそうだ。相変わらず膝が痛いらしい。コロナ禍のため一緒に暮らす大家さんの収入が減ってさらに生活が苦しくなった。

いま「慰安婦」問題はインドネシア国内でいろいろ展開がある。

エカさんはジャワの元慰安婦を取材してNational Geographicに掲載すべくチームで活動している。

ソロの元兵補元慰安婦連絡協議会のマリオさんは、ソロ市長に掛け合い、大統領に面会を求め問題解決の突破口を開こうとしている。

西ヌサトゥンガラからは40名余り、北スマトラから５名前後、中ジャワから40名余り、ご存命の被害者名簿ができ政府に届けられた。さらに南スラウェシからは52名の名簿が政府に届けられたが、遠くてアクセスできない人はまだたくさんいるということだ。

日本政府からの謝罪と賠償、そして必要な支援を被害者に届けるネットワークを、いま一度考えていくことが急がれる。

インドネシア　スラウェシの被害者

東ティモール

制作　松野明久　古沢希代子

　女性国際戦犯法廷から９ヶ月、私たちは 2001 年９月に東ティモールを訪れ、法廷で証言した２人を訪ねた。そして２人に、実際に被害にあった場所や慰安所に連れて行ってくれるようお願いした。証言に出てきた場所がどこにあるのか、実際に確認したいと思ったのだ。マルタさんはマロボの温泉、エスメラルダさんは自宅近くの村のはずれ。場所は異なるが、その場に立つと、当時の記憶が甦り、２人の話は具体的になった。そして怒りや悲しみの感情が湧き上がってきた。その時戦後 56 年。癒えぬ傷の深さが感じられた。

東ティモール
East Timor

　２００１年９月、私たちは法廷で証言した２人を訪ねた。

質問者　アボ（おばあちゃん）〜！　アボ・マルタ。

■まず訪ねたのはマルタ・アブ・ベレさん。

マルタ　来るとわかってたよ。

質問者　え、そう？

質問者　今から温泉に行きたいの。

温泉に慰安所があった。

マロボの温泉（慰安所跡）

質問者　建物たくさんね。一つに何人入っていたの？

マルタ　一部屋に５、６人。大きいと10人。

質問者　女性たちはどこから？

マルタ　ボボナロ、マリライト、ハウバ、オブロ、マロボ、ライフン、ヌヌタナン、マガヌチュ。

大勢「慰安婦」がいた。

質問者　アボは、ここのどこにいたの？

マルタ　ああ、教えてあげるよ。

質問者　中に部屋があったの？

マルタ　そう。見てみよう。

この部屋よ。

質問者　この部屋には何人いたの？

マルタ　4、5人いたわ。

質問者　誰だか覚えてる？

マルタ　ソセロイ、ボイライ、ラウリンダ、ソセマウ。ここで「慰安婦」やって帰って病気で死んだ。

　後ろは谷。逃げられなかった。

■次にエスメラルダ・ボエさんを訪ねた。

エスメラルダ　私の畑はここ。キャッサバを掘っていた。

　シモムラと王の家来3人が来た。シモムラの宿舎はあっち。ハラク、カワノはこだった。

質問者　慰安所は？

エスメラルダ　あっちよ。

　シモムラが去って、ハラク、次にカワノが来た。

質問者　女性たちはどこ？

エスメラルダ　川からあっちにかけて。2軒、女たちでいっぱいだった。サブライ、ホルサ、タポから。サブライが多かった。みな死んだ。

　私の姉、妹もあそこに入れられた。

2 次世代からの提言～未来へつなぐ

東ティモール

マリナ・ガルチョ（HAK）

Asosiasaun HAK
생전 이렇게 말했습니다. 生前、こう言っていました。
When she was alive she was saying

私はアドボカシーチームのメンバーです。日本軍占領下で被害を受けたおばあちゃんたちの担当です。

マルタさんについて話します。彼女は生前、こう言っていました。「真実を知り、正義を求め続ける」と。「戦争中、なぜあんなひどい犯罪が起きたのか、責任をとってもらいたい」と。

生存者も同じことを求め続けています。

HAKとしても、日本政府に求めます。大戦中の重大な犯罪について、その被害者及び家族に対して、正式な謝罪と補償をするように。

在日朝鮮人

朝鮮大学校学生

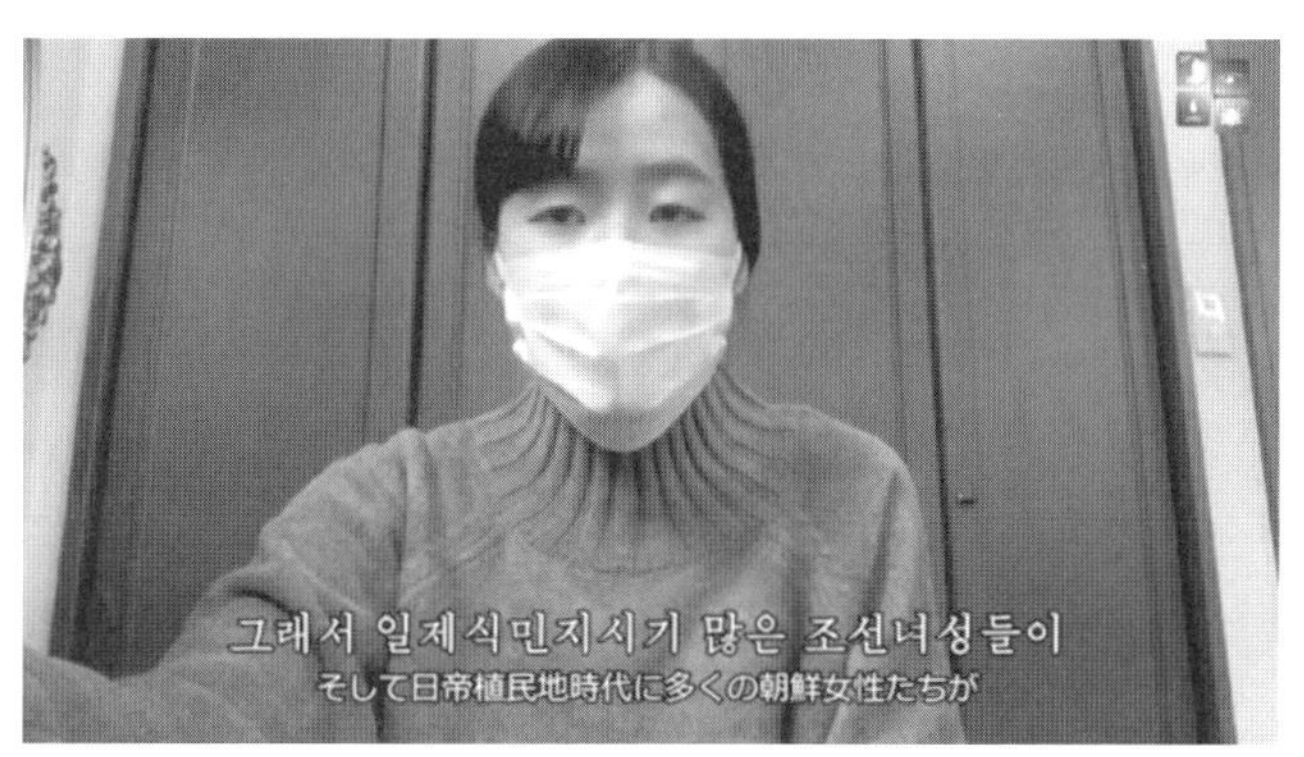

그래서 일제식민지시기 많은 조선녀성들이
そして日帝植民地時代に多くの朝鮮女性たちが

私は日本で生まれ育った在日朝鮮人3世です。祖国と同胞が建ててくれた朝鮮学校に通い民族の言葉と文字、歴史を学んできました。そして日本の植民地時代に多くの朝鮮女性が日本軍性奴隷として強制的に動員されたという衝撃的事実を知り、耐えがたい憤りを思えました。北と南、海外の朝鮮人被害者の証言を読んで「戦後」にもハルモニたちの肉体的精神的被害が継続していることを知り、一人一人の生き様を記憶して記録し、その解決のために最後まで闘うことが次世代の使命だと考えるようになりました。

金福童ハルモニは生前、朝鮮学校の学生をとても愛してくださいました。私は現在、大学で日本軍性奴隷制問題の研究を深めています。今も日本政府は性奴隷被害者の正義の声を聞かぬふりをしていますが、その根本は在日朝鮮人に対する民族差別、弾圧と同じです。

日本政府は幼稚園から大学に至る各種教育支援制度から朝鮮学校の学生と幼児たちだけを除外する民族差別を敢行し、ハルモニたちのように日本植民地支配の生き証人たちから目を背けています。決して許すことはできません。私は日本軍性奴隷制問題が解決されるまで、ハルモニたちの思いを受け継いで闘い続けます。

フィリピン　リラ・ピリピーナ

ビンス・レアソンダ（ユース・ボランティア）

私はリラ・ピリピーナでユース・ボランティアとして
フルタイムで働いています。

こんにちは！　私はビンス・レアソンダです。私はリラ・ピリピーナでユース・ボランティアとしてフルタイムで働いています。リラ・ピリピーナは、かつて日本軍「慰安婦」にされたフィリピン女性の団体です。彼女たちは、戦時中の体験に対する正義を求め、彼女たちの話が歴史に記憶されることを求めて闘い続けています。

なぜリラ・ピリピーナで働くようになったのかよく聞かれますが、大学時代、私の卒論は「慰安婦」がテーマでした。リラ・ピリピーナの事務所に何度も通いました。そこでロラたちに出会いました。ロラは、フィリピン語で「おばあさん」を意味し、「慰安婦」にされたフィリピン女性たちを呼ぶのにもこの言葉を使っています。そこで、彼女たちの苦しみを本当に理解するには、ロラたちとの時間をもっと長く過ごさなければと気がつきました。そのため、インターンシップもリラ・ピリピーナですることに決めました。

２０１９年、私は韓国で開催された、日本軍の戦時性奴隷に反対する若者のフォーラムに参加する機会をいただきました。はじめは、卒業式と日程が重なっていたので迷いました。それから、これは正義を求める闘争において若い世代の国際的な連帯を構築する機会だと考えました。そこで出会った熱意ある若者たちに希望をいただきました。それ以来、私たちが共に闘っているのは、過去の苦難に負けず、自身が耐えてきた悲惨な体験を将来の世代にさせないようにと闘い続けてきた勇敢な女性たちであると知り、ロラとともに働く私の仕事に充足感を感じています。

リラ・ピリピーナの活動は多岐にわたりますが、私自身は、現在、フォーラムやウェビナーの開催に直接携わっています。8月15日、「オンラインリーディングと対話『慰安婦』にされた女性たちを家族が語る〜ロラたちの勇気・レジリエンス・葛藤・愛の物語〜」を開催し、軍事主義と女性に対する性暴力についての対話を行ないました。イベントは成功をおさめ、さまざまな国で「慰安婦」キャンペーンに賛同する多くの若者が参加してくれました。

私たちはビデオも制作しています。その中には、トランスジェンダーのジェニファー・ラウデさんを殺害して起訴された

米兵ジョセフ・ペンバートンに恩赦が与えられたことに対し、ロラ・ナルシサ・クラベリアが怒りを表明したものもあります。別のビデオでは、ベルリンのミッテ区に最近建てられた「慰安婦」像を撤去するよう日本が圧力をかけていることに対し、ロラ・エステリータ・ディが遺憾の意を表明しています。これらのインタビューをとおして、若者が継続して「慰安婦」の苦闘を学び、理解することができます。

若者は歴史を保全するためにも大きく貢献できます。現在、リラ・ピリピーナでの私の主な業務は資料のデジタル化です。これには歴史的価値の高い重要書類や、写真、芸術作品などが含まれています。これをとおして、私が保存しているのは単なる資料というモノではなく、その歴史を保全しているのだと気づきました。それはロラたちの苦闘を追体験することです。そして、若者はそれを保存し、ロラたちが求めていることを伝えるために必要な技術や技能を十分持っています。

若者をさらに活動に巻き込むにはまだ課題も

あります。フィリピンの歴史教育の貧弱さ、そして日本政府とそれに従属的なフィリピン政府による歴史修正主義的な取り組みからくる意識の欠如があります。

それでも、私たちは活動を続けます。嬉しいことに、私たちは、学生、ジャーナリスト、ライター、教授や活動家の方々から、もっと「慰安婦」の歴史を学びたいとインタビューの申し込みを受けています。このことは、「慰安婦」の証言を歴史から根絶しようとする歴史修正主義者たちの努力にもかかわらず、学生やジャーナリスト、歴史学者やアーティストたちの間で、この問題に関する知識への要望がかなりあることを示しています。一度この問題について知った人はおおむね、ロラたちの正義を求める主張を支持するようになります。

もうひとつの課題は、私たちの活動の多くに影響を及ぼしている現在の新型コロナウイルスの感染拡大です。このパンデミック以前には、私たちは大規模なフォーラムを組織しロラたちとの交流の場を設けることができていました。ロラたちは高齢で弱くなっているので、今ではこれらはほとんどできません。にもかかわらず、私たちはなんとかロラたちにインタビューをして、オンラインでシェアしています。また、ロラたちに医療支援やその他の必要に応じた支援をしています。こうしたロラに必要な医療を提供し続けられるようにファンドレイジングキャンペーンなども行なっています。

最後になりますが、「慰安婦」問題は、すべての人、特に若者を包摂する／関わる問題であることを繰り返し言いたいと思います。それは、侵略戦争や、女性に対する戦時性奴隷制、歴史修正主義と歴史の忘却はまさに現実の脅威だからです。私たちのロラたち（サバイバー）の証言と闘いから歴史の教訓を学ぶことは、今日の若者がこうした歴史を繰り返させないようにし、抑圧から解放された未来を切り拓く助けとなるものです。私たちは、偏った軍事協定や侵略戦争に立ち向かい、「慰安婦」問題についての議論を続け、可能な限りのプラットフォームを使って市民の意識を高めていかねばなりません。なぜなら最も大きな脅威は無知からくるのですから。

私は、より多くの若者たちがこの正義への取り組みに加わってくれるのを楽しみにしています。ありがとうございました。

台湾

陳依屏（阿嬤の家活動家）

台湾の現状ーアマの家を例として
Current situation of Taiwan
ーTake AMA MUSEUM for exampleー

アマの家の概要

1. 婦援会が運営する
2. アマたち・慰安婦に関する資料の保存と展示

Introduction of AMA MUSEUM

1. Established and run by TWRF (Taipei Women Rescue Foundation)
2. Exhibition and archiving comfort women related documents and historical records

阿嬤の家（当時）

今回若い世代からの提言について発表させていただきます。今回の発表の流れは、まず台湾の現状を紹介して、いま直面している困難、難点などを話し、最後は未来の方向について話していきます。

いま台湾で日本軍「慰安婦」運動をしているのは、「阿嬤（アマ）（おばあさん）の家」なのでそれを例えとして、いまの台湾はどのような状況なのかを紹介します。阿嬤の家はどのような博物館なのでしょうか。最初は台北市婦女救援基金会（婦援会）という機関が阿嬤たちに触れ合って、その後10数年間阿嬤のそばにいて、いろんな歴史や阿嬤の個人的な人生などたくさんの情報を集めて、台湾の多くの人々にもこの歴史を知らせるため、この阿嬤の家という「慰安婦」博物館を設立しました。

最近のイベントや研究などを紹介します。一つ目は、実は去年から２０００年女性国際戦犯法廷の研究プロジェクトをずっとやっています。このプロジェクトは前期と後期があり、去年は前期で今年は後期となります。この研究の過程でさまざまな当時の専門家の方や参加者の方などを取材しました。そして講座とワークショップも開催しました。この研究で取得した情報は今後の教育活動、展示、研究などでも使うことができます。

もう一つちょっと特別なのは阿嬤の家とYouTuberとのコラボ企画です。このYouTuberさんは知的な方で、公開している動画の中で「慰安婦」に関する歴史と一人の阿嬤の人生をわかりやすく紹介しました。この企画で、インターネットを通じて、「慰安婦」問題の認知度を向上させることができました。こちらの数字をご覧ください。今までの再生数は30万回近くに達しました。

YouTuberとコラボ企画は再生30万回に

次はいま直面している困難について説明します。ここでは二つの部分に分けて紹介します。

まず、婦援会の困難です。婦援会は5年以上続いていた資金難に加えて、コロナウイルスの影響で収入が減少したため、12月に賃貸契約が満了を迎えるとともに阿嬤の家を閉館することが決まりました。しかし、別の場所での再起を目指しているので、インターネットで移転費用を募るクラウドファンディングを立ち上げました。ですので、11月10日をもって現住所での運営を終えましたが、来年２０２１年、別の場所で新しい博物館を再開できる可能性があります。

では、台湾の困難について紹介します。先ほど言ったとおり、いま「慰安婦」運動に取り組んでいるのは婦援会しかありませんので、これも台湾の弱点であり、みなさんへ発信する歴史情報や資料などの視点が特定の立場に偏る可能性もあります。そして現在生きていらっしゃるサバイバーの方々は台湾では二人しかいないので、阿嬤が続々と亡くなっていくということも今の難点だと思います。最後は、いまの台湾社会でこの歴史はまだ詳しく知られていないので、社会の関心度や認知度などもまだ低いということです。これもいま、この運動の弱点だといえます。

これからの未来、阿嬤の家がなくなった未来は、「慰安婦」運動をどういう形で進めるのか、どういう方向へ進むのか、すべて婦援会次第ではないかと思っています。つまり、この先の道は誰もわかりません。私たちも何も予想できないのです。

米国　イエール大学STAND

キンバリー・クルーズ（STAND代表）

こんにちは。キンバリー・クルーズです。この場で私たちの活動を紹介します。本日はイエール大学STANDを代表して、この場で私たちの活動を紹介します。ＳＴＡＮＤとは、女性の権利と歴史的正義のために活動する、イエール大学のタスクフォースです。

２０１６年４月、イエール大学にて、２人の日本軍「慰安婦」被害者が６００名以上の学生・教員に対し、証言を行ないました。彼女たちの歴史的正義との闘いに刺激され、「慰安婦」の歴史と戦時性暴力をほかの人々にも伝えるため、学生たちはこのタスクフォースを立ち上げました。

これまでのプロジェクトとして、歴史的トラウマに関する芸術展示会があります。あらゆる文化には、世代を超えて語るべき大切な物語があるということを強調したいと思います。また学生らは、この展示会で芸術作品を出品しました。

２つ目のプロジェクトは、２０１９年５月、イエール大学にてＳＴＡＮＤが設置した「平和の碑」です。この像は設置の２週間後に強制的に撤去させられたため、最終的にコネティカット韓人会館に永久設置されました。昨春、ＳＴＡＮＤと韓人会は除幕式を共催しました。

３つ目のプロジェクトは、２０１９年10月に開催した、「慰安婦」と戦時性暴力に関する国際会議です。私たちは、国際的人権、歴史的正義、教育、そして社会運動と社会的起業について議論しました。

次に、コロナウイルスの感染拡大に対する私たちの挑戦として、新しいメディアの使用と時差の問題について紹介します。多くのアメリカ人は、教育の中で「慰安婦」問題を学ぶことがないため、アメリカ人と国際的なコミュニティをつなぐために時差を調整しました。ＳＴＡＮＤは夏の間、「慰安婦」正義連盟（ＣＷＪＣ）、賠償と教育のための「慰安婦」行動（ＣＡＲＥ）、Lila-Pilipina・GABRIELA USAと共に、「慰安婦」の賠償運動、歴史的正義、戦時性暴力に関連する問題を教育するためのウェビナーを開催しました。私たちはこれらのネットワークを見つけるのに苦労したと共に、歴史否定主義者が私たちを妨害しようとするために起こる論争を処理しなければなりませんでした。

最初のウェビナーは、李容洙ハルモニとコネティカット大学のAlexis Dudden歴史学教授を招いて、ハルモニの証言を聞きました。私たちは証言に心を打たれました。２回目のウェビナーは、「慰安婦」の歴史をめぐる歴史否定主義・修正主義に関する、山口智美教授とJeff Kingston教授のお話でした。３回目のウェビナーでは、「慰安婦」慰霊の日を記念し、Peipei Qiu教授（Vassar College）、吉見義明教授（中央大学）、Judith Mirkinson氏（ＣＷＪＣ）、Sharon Cabusao(Lila Pilipina)を招いて、パネルディスカッションをしました。最後に、「慰安婦」問題のメディアと芸術における表現について、作曲家、歌手、サックス奏者のStephanie Choe氏、写真家の安世鴻（アンセホン）氏のお話を聞きました。これは若い人たちの参加を促すきっかけになりました。

私たちは、翻訳にも取り組みました。特に、私たちチームが持っていた資料の言語である中国語、朝鮮語、日本語の翻訳にも取り組みました。また南アジアの言語にも挑戦しています。なぜならこれらすべての言語で翻訳するのはとても重要なことだからです。

ＣＷＪＣとＣＡＲＥと協力して、ベルリンの《少女像》のための署名活動も行ない、大きな成功を収めました。私たちはその結果をとても嬉しく思います。

私たちはこれからも新しいプロジェクトを行ないます。私たちは教育、《少女像》の永久的な設置、「慰安婦」問題をすべての人が知っているべきものとして伝えることを重要と考えています。ＳＴＡＮＤは、New Havenの公立学校に対して、第二次世界大戦における「慰安婦」の歴史についての授業を行なっています。私たちは先生方と共に、議論をしやすくし、私たちの教育システムについても考えられるよう、生徒たちがアフリカ系アメリカ人の歴史における強制結婚や人身売買の事例と比較するなどの形で理解できるような、独自のカリキュラムを編成しています。私たちは「慰安婦」の歴史が、社会や歴史の授業において、普遍的なものとなることを目指しています。また、CWJCと協力して、日本がオリンピックなどの特別なイベントで旭日旗を使用することに反対する署名活動も行なっています。

Work with New Haven Public Schools
New Havenの公立学校との共働
New Haven의 공립학교와의 공동
Collaborative Petition with CWJC
「慰安婦」正義連帯との協同署名
'위안부' 정의 연대와의 협동 서명 운동
Expansion of Korean Studies Department in Yale
Yaleでの韓国･朝鮮研究学部の拡張
Yale에의 한국/조선 연구 학부의 확장
FUTURE PROJECTS
将来のプロジェクト
장래의 프로젝트

　また日本の学生と協力し、このセンシティブなトピックにおける彼らの社会運動を学んでいます。アジア系アメリカ人文化センター（AACC）の他の団体と共に、イエール大学において韓国/朝鮮研究を拡大するための活動を行なっています。なぜなら私たちは、アジア研究、特に朝鮮研究はカリキュラムの一部になるべきだと考えているからです。

　以上が私たちのプロジェクトの紹介です。ご意見、提案があればぜひお伝えください。またソーシャルメディアなどで私たちを見つけて、ぜひ連帯してほしいと思っています。以上が私たちアメリカ側からの報告です。ありがとうございました。

韓国　平和ナビネットワーク

キム・ミンジュ（ソウル代表）

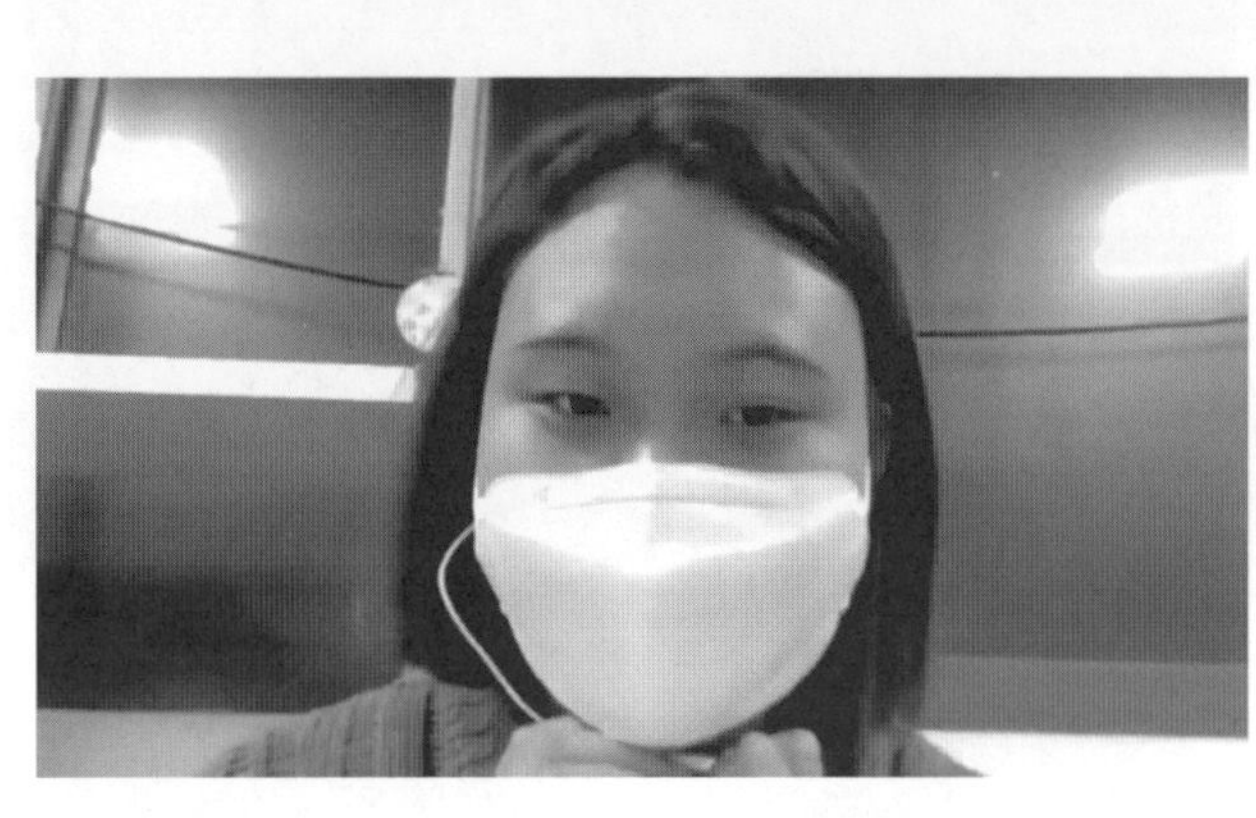

こんにちは。平和ナビネットワークから発表するソウル代表のキム・ミンジュです。

平和ナビネットワークは、日本軍性奴隷制問題の真の解決、正義の解決をめざす大学生プロジェクトサークルで、次のようなスローガンを基調としています。「行動する、共にする」です。

平和ナビネットワークは、全国5つの地域で活動しています。ソウル、京畿（キョンギ）、江原（カンウォン）、忠清（チュンチョン）、済州（チェジュ）です。

平和ナビネットワークの主な活動としてはセミナーや講演、ワークショップなどがあります。日本軍性奴隷制問題をはじめ歴史、平和、人権、国際情勢など多彩なテーマで、学期中にセミナーを行なっています。今年は平和ナビFESTAフォーラムを運営して、日本軍性奴隷制問題に対するさまざまな見方を紹介し、問題解決に対する平和ナビの考え方を確立するためメディア、国際情勢、フェミニズム、歴史などテーマ別に講演者をお招きして講演を聞きました。

また、期間ごとにプロジェクトを行なっています。平和ナビネットワークは大学生サークルなので、より多くの学友たちと共に学内から日本軍性奴隷制問題解決のための声を上げることが目的です。主に学生たちと共に学内で水曜デモを行なったり文化祭を準備したりします。

平和ナビネットワークが行なう期間プロジェクトとしては、まず平和ナビランがあります。平和ナビランは、走りながら寄付を集める寄付マラソン・イベントです。マラソンという形で参加者と共に走ることで日本軍性奴隷制問題解決のために行動する機会を提供します。

次に、平和ナビFESTAというイベントがあります。

1991年8月14日、故金学順ハルモニが初めて日本軍性奴隷制被害者であることを告白した勇気を継承して、夏休みの間に全国のナビ会員たちが集まって問題解決のために一生懸命に学習し、街頭で声を上げて行動します。全国各地の平和ナビ会員たちが集まって日本軍性奴隷制問題解決のために考え、語り、人々と共に行動するイベントで、シンポジウム、文化祭などを行ないます。

平和ナビFESTAの一環としてナビ効果（バタフライエフェクト）実践団も行ないます。日本軍性奴隷制問題の解決を願う大学生たちが集中的に実践し、声を最大限に出す期間で、主に現場実践、キャンペーンなどを行ないます。日本軍性奴隷制問題からさらに拡大して、労働、人権、平和など幅広く考え実践しうる課題に連帯する機会を持つことができ、学習の経験を超えて実践まで繋ぐ経験ができる機会となっています。

最後に、女性対応キャンペーンがあります。インタビュー、記事、企画取材などメディア報道を通して情勢対応キャンペーンを行ないます。今年は特に、ドイツの少女像撤去と関連して、平和ナビはドイツの少女像を守るオンライン手書き署名キャンペーンを展開し、国際連帯行動を行ないました。

厳しかったこと

次は、平和ナビネットワークの活動の中で、特に今年、厳しいと思った点についてご説明します。

今年は年初から新型コロナのためにオフラインの活動や集まりが制約され、活動が厳しくなりました。準備していたイベントをキャンセルしてオンラインで代替するなど、人と会って実践する上で多大な制約がありました。

また、今年は特に日本軍性奴隷制問題解決運動が大きな攻撃を受けました。非難と批判の世論の中で徐々に大衆との出会いが減り、コミュニケーションする機会がなくなっていったため、日本軍性奴隷制問題解決についていま、人々がどのように思っているのかを確認することが困難になりました。そこで、これを克服するための努力として平和ナビネットワークは、コロナ過の中で人々に直接会うことができないことを前提に、学内の会員や学生を対象とするオンラインとオフライン並行のキャンペーンを企画し実践してきました。とりわけソウル地域の平和ナビ８支部を中心に学内に壁新聞を貼り出したり、ＳＮＳを活用してオンラインで水曜デモを行なったりしました。また、先ほど申し上げたように、ドイツの少女像撤去問題と関連してオンライン手書き署名キャンペーンを行なってドイツの「平和の少女像」を守るために声を上げました。

また、大学生と市民を対象にアンケート調査活動を行ないました。11月10日から11月22日までの12日間、大学生と市民を対象に、日本軍性奴隷制問題解決運動に対する認識を問うアンケート調査をしたのです。今年、韓国社会で日本軍性奴隷制問題解決運動が多くの攻撃を受けました。これを受けて平和ナビは、これまでの運動を振り返り、運動の新たな方向性を再設定する時だと考えました。そこで、これまでの運動について大衆がどのように認識しているのか、まずは調べる必要性を感じてアンケート調査を実施したのです。

ここで、アンケートの一部をご紹介します。日本軍「慰安婦」問題解決のための運動は主にどのような性格のキャンペーンだと思っているかという問いに対し、79％が「真実の歴史を知らせるキャンペーン」と回答し、34・1％が「平和をつくるキャンペーン」、32・1％が「戦時性暴力に反対するキャンペーン」と回答しまし

た。

これまで日本軍性奴隷制問題について、市民社会のさまざまな場で、真実の歴史を知らせるキャンペーンだけでなく、さらにそれを超えて戦時性暴力、平和のメッセージを投げかける努力をしてきました。日本軍性奴隷制問題は歴史問題にとどまらず、女性の人権問題、反戦平和の問題として現在に息づく問題であり、運動だからです。それにもかかわらず、アンケート調査の結果、大衆の多くはいまだに「真実の歴史を知らせるキャンペーン」だという認識を持っていることがわかりました。そこで今後、日本軍性奴隷制問題解決のために、戦時性暴力と平和に関するメッセージをより強く発信していく必要があると思いました。

また、日本軍「慰安婦」問題解決のための非営利団体の課題は何だと思うかという問いに対し、53・3%が「国際機関に問題を知らせるキャンペーンの実施」と回答し、50・1%が「日本政府に2015日韓合意の再検討と謝罪／賠償を求めること」と回答、30・9%が「教科書に記述し歴史館（記念館）を設立するキャンペーンの強化」と回答しています。これは、韓国で日本軍性奴隷制問題は広く知られているけれども、韓国の運動だけでは日本軍性奴隷制問題を解決することはできないと、多くの人々が考えているということを意味しています。したがって、運動を国際的につくっていく必要があるということです。そこで、平和ナビでも来年の活動について検討し、日本軍性奴隷制問題解決のための国際的な大学生／若者ネットワークをつくりたいと思っています。この場にいらっしゃる皆さんが参加してくださったら嬉しいです。

以上で平和ナビネットワークの発表を終わります。ありがとうございました。

日本　希望のたね基金

伊藤美咲、蔵内靖恵、佐々木香織（日韓若者プロジェクト）

これからキボタネ日韓若者プロジェクトメンバーによる発表をはじめます。

発表の流れは、はじめに、希望のたね基金「日韓若者プロジェクト」の概要についてお話しします。次に、日本の若者の現状について、次に私たちが行なっている取り組みについて、最後に私たちが日本軍「慰安婦」問題に関わる中で得た学び、今後の予定についてお話しします。

希望のたね基金とは、日本の若者が「慰安婦」問題について学び、性暴力のない社会づくりに役立てるため創設された基金です。その理念としては、日韓の若者間の「慰安婦」問題に対する意識のギャップを埋めていくことです。そして「終わらせる」のではなく、「記憶・継承」することで、二度と同じような被害を生まないための取り組みをめざしています。

希望のたね基金のもとで、私たちは「日韓若者プロジェクト」に参加しています。プロジェクトの期間は２０１９年９月～２０２１年３月です。日本の参加者は、若者を対象とした韓国へのスタディーツアーに参加経験がある11人のメンバーで、韓国からは９人（プロジェクト終了時では日本側10人、韓国側７人）のメンバーが参加しています。プロジェクトではお互いのメンバー間での学びや継続的な討論を通じて、自分たちにできることを考え、実践しています。

2019年12月には、日本のメンバーが韓国でのスタディーツアーを行ないました。韓国サイバー暴力センター、10代人権センターなどを訪れました。

2020年2月には、韓国メンバーが日本を訪れスタディーツアーを行ないました。千葉県の館山にあるかにた婦人の村などを訪れました。

次に私たち日本の若者が「慰安婦」問題に関わる上で考えていることをお話しします。プロジェクト参加当初の私たちは、教育や知識が不足していたため、何が真実なのかわからない、友人や家族に「慰安婦」問題について学んでいることを言えない、どのように問題と向き合えばよいのかわからないという思いを抱いていました。

こうした背景には、「慰安婦」問題がスティグマ化されていることが考えられます。性教育の不足、フェミニズムや性暴力についての無理解によるセクシズム、植民地支配などの加害の歴史に関する教育不足、メディアにおけるヘイトスピーチによるレイシズム、政治への無関心が原因にあると考えます。

私たちが行なっている実践的な取り組みについてです。日韓混合の3チームに分かれ、「自分たちにできることは何か」を議論し、具体的に企画を立てています。教育チームはボードゲームを作成し、歴史チームは動画の作成、証言チームは、外部の参加者に被害者の証言を朗読してもらい動画を作るという内容です。

取り組みを通じて、さまざまな困難に直面しました。たとえば、自分自身の生活との両立やそれぞれ三つのプロジェクトにおいて他の人々の協力を得にくい、プライバシーへの配慮が必要であるということです。

プロジェクトを経て得られた学びとして、重要なのは被害者・当事者の声や経験に触れること、先人が積み重ねてきた研究・活動・歴史を学び、伝えること、安心できる場で交流できることであると考えます。また、複雑な問題を単純化せずに捉える姿勢を持ち、構造、個別性に自分の中で時間をかけて向き合い、葛藤するプロセスをとおすことで、問題の「解決」とは私たち自身の「継承」と「変化」であると自覚することができました。

最後に、キボタネ日韓若者プロジェクト発表シンポジウムが2021年1月9日、オンラインにて開催されます。私たちのプロジェクトの成果を発表しますので、もしよろしければご参加ください。

トークセッション

司会　ありがとうございました。画面の向こうの方には聞こえてないかもしれませんが、それぞれの発表のときに拍手が会場から上がっている場面があったので、とても素晴らしい発表であったと思います。多くの国に共通する障壁としてあるのが世論の問題。今年はコロナによる悪影響がありました。しかし、その状態を逆手にとって、オンラインでの企画や会議などでの連携が進んでおり、その成果をご報告いただきました。

それでは時間も限られておりますので、どんどん進めていきます。あらためて他のグループの発表を踏まえて、感想や質問などを二分程度でそれぞれのグループに語っていただこうと思います。今回ライブでの討論に参加していただくのは、フィリピン、韓国、日本、アメリカです。まずはフィリピンの方からよろしくお願いします。

有田光希さん

私たち若者にかかっている

フィリピン　このシンポジウムは私たちに希望を与えてくれます。連帯、共同行動において何ができるのか、正義を求めていくということ、人々の意識を高めるということ、性奴隷、性暴力の問題がいかに巨大なものか、そして世界中の女性に影響を与えているのかということがわかりました。このシンポジウムは女性国際戦犯法廷20周年を記念して行なわれています。この20年前の出来事がいかに意義深いものであったのか、あらためて光を与えてくれます。市民団体、協賛団体が日本軍「慰安婦」を支援し、彼女たちに対する正義を求めました。つまり共同行動、連帯は何を達成できるのかを示しています。そして参加者だけでも、今回は約750人参加しています。女性たちに対する正義はまだ達成されていませんが、このようにして私たちは決意を持って立ち上がっています。私たちがこれからも組織化を

ビンズ・レアリンダさん

続けていく限り、勝つことができます。「慰安婦」の記憶というのは、痛みの記憶でした。今日でもその痛みを感じることができます。そして、正義の道を歩み、私たちのおばあさんたち、「慰安婦」の方たちの正義を果たすのは私たち若者にかかっています。軍事化に反対し、新たな世代の「慰安婦」被害者を生まないようにするのは私たちの手にかかっています。ありがとうございます。

このような痛みを他の女性に感じてほしくない

アメリカ　私からはとにかく皆さんにお礼を申し上げたいと思います。非常にインスピレーションを得ることができました。忘れてはならないのは、女性たちの痛み、私たちの生き方をも変えていくような歴史的な瞬間です。世代を超えて私たちは、それを受け継ぎ、記憶していかなければなりません。その上で、学者の皆さん、サバイバーの皆さん、そして自分たちの名誉を汚されるような状況においても、あえて名乗り出てきてくださった方々に感謝申し上げます。

キンバリー・クルーズさん

アメリカではすべての人がこの問題について認知しているわけではありません。ある教授はWomenjunEのドキュメンタリーを見せてくださいました。14歳でした。私はそれを見て泣いてしまいました。私が行ったこともない国で、こんなことが起きているのだと思いました。行ったことのない国ですが、痛みを感じました。このような痛みを他の女性に感じてほしくないと思いました。このような経緯で、私は人権弁護士になろうと思い、ロースクールに志願したのです。このような場を設けてくださったことに感謝申し上げます。他の人たちに対する教育活動をこれからも続けていこうと思います。ありがとうございました。

国際的な連帯ネットワークを

韓国　まず、各国の発表を大変意義深いと思いながら聞きました。特に日本と韓国でこの問題について、ともに連帯をし、特にコロナによって厳しい状況にありましたが、オンライン、オフラインを並行させながら活動をされていたということで、聴きながら、非常に勉強になりました。

平和ナビネットワークでは来年、韓国と日本など、国際的な連帯ネットワークを作ろうと考えています。平和ナビはインスタグラムを運営していますので、「ピース・ナビネットワーク」でぜひとも検索していただきたいと思います。これから全世界の青年たちと、日本軍性奴隷制問題について連帯できる活動を広めていきたいと考えています。

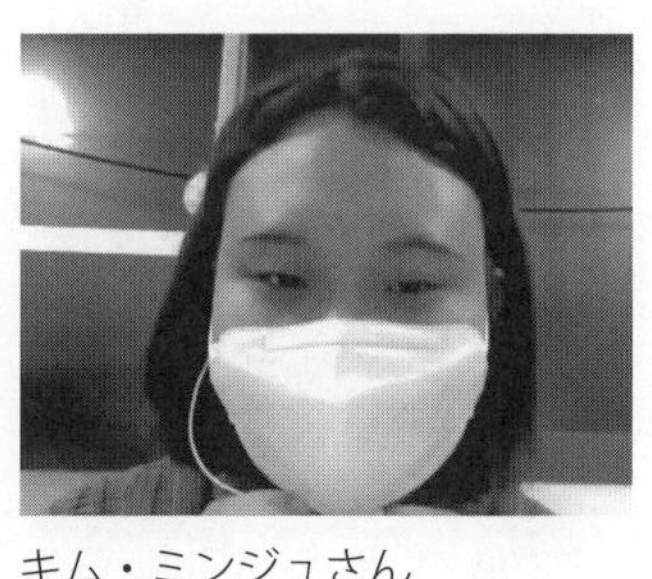

キム・ミンジュさん

来年国際的な連帯を作ろうと考えていますが、皆さんにもここへ参加していただきたいと思います。ありがとうございました。

若者を巻き込んで発信する方法を学べた

日本　韓国の発表を聞いて、より日本の教育の姿勢や政治のあり方に疑念を持つようになりました。日本の若者が「慰安婦」問題に触れられるきっかけそのものが少なくなっている中で、発表を聞いたことによって、いくつかの国の発表をとおして、若者を巻き込んで発信していく前向きな方法も学ぶことができました。

司会　ありがとうございました。司会から皆さんに質問をさせていただきます。まず、フィリピンの活動を見ていてすごいなと思うのは、オンラインでのイベントなどをしっかりとしつつ、資料のデジタルアーカイブ化に言及していたことです。それは非常に今後の活動に重要になってくると思うのですが、具体的にどういうことをされていたのか聞きたいです。

フィリピン　具体的に日々の活動としては、最近だとイベントの準備です。明日フィリピンで開催する法廷20周年記念オンラインイベントの準備を実際にしているのですが、私は実行委員会に関わっています。たとえばＳＮＳでのイベントに関する発信、プログラムのテーマをどのように作っていくのかを考えています。最近では、フィリピンのサバイバーのロラたちを訪ねて、様子を見にいき、インタビューの取材記録なども行なっています。彼女たちの、「慰安婦」問題に関する最近のできごとについてのご意見を聞くなどしています。私の日々の活動はそのような感じです。いまはコロナによって制限されていることもあり、ほとんどオンラインでの活動になっています。

公的領域に踏み込んだ活動

LILA
PILIPINA
VINCE REASONDA
なぜリラ・ピリピーナで働くようになったのかよく聞かれますが、
大学時代、私の卒論は「慰安婦」がテーマでした。

司会　ありがとうございました。次はアメリカの方に聞きたいのですが、皆さんの活動を見ていて公的領域に踏み込んで活動されているというのが非常に特徴的でした。公立学校でのカリキュラム、授業をされているということですが、どういった形で実現されたのでしょうか。他の団体との連携があったのでしょうか。ぜひお聞かせください。

アメリカ　非常にいい質問です。私たちは現在、New Heaven周辺の公立学校といろいろ行なっているのですが、条例によって「慰安婦」問題をカリキュラムに取り入れるということをやろうとしています。たとえばナチスの歴史について必ず学ぶように。カリフォルニア州ではそれが実現されていますので、その人たちと連携して、同じようにコネチカット州でも取り組みをしようとしています。私自身はニューヨーク出身なので、

今はイエール大学のあるコネチカット州で活動をしていますが、今後はニューヨークでも同じ活動をしていきたいと考えています。意識を広めていくためのリソースもいろいろと集めています。たとえば、アメリカの議会などでは、決議など採択されているという状況がありますが、そのようなことも現在取り組んでいます。

加害国と被害国の若者による共同の取り組み

司会　ありがとうございました。次は、日本の方々の活動の中で特徴的なのが、韓国との共同の取り組み、共同事業において加害国と被害国の若者による共同の取り組み、継続的な対話がなされているということです。皆さんの発表の中で、韓国社会とのギャップ、言葉の壁、知識不足というのがありました。それは、活動の中で具体的に何か出てきたりしました

か。

日本　私の個人的な感覚ですが、活動の中での言葉の壁となると、コロナの影響でオンラインでのコミュニケーションが多かったというのが難しいところでした。通訳の方がいらっしゃらないと、まずミーティングが成り立たないということもあります。自動翻訳などを使うのですが、日本のメンバーが多い中で、韓国のメンバーは言葉がわからず孤立してしまったり、逆に日本のメンバーも足並みが揃っていないと感じてしまう瞬間もありました。言葉だけでなく、たとえば、解決したい目標が少し違うこともありました。韓国側が、「慰安婦」問題に対する国民の見方を変えたいとおっしゃったのですが、日本側からすると、まず「慰安婦」問題を知らないというところから変えないと始まらないということがあり、一つのキャンペーンをするのにも一苦労しました。逆にいい影響として、日本側は特に社会運動を若い世代で経験している人が少ないですが、韓国側は芸術的なアイデアや面白い方法を知っている人がいたので、とても勉強になり、刺激にもなりました。

意識共有を図る秘訣は？

司会　ありがとうございました。韓国の活動を聞いていると、組織化された大規模な活動が特徴的だと思います。全国に5拠点もある大学生ネットワーク。マラソンチャリティ大会などの大規模オフラインイベント。そのような大きな組織になると、モチベーションの差が出てくると思います。そういうものをコーディネートして一つの目標に向かっていく秘訣、意識共有を図るためにやっていることなどがあればぜひ教えてください。

韓国　私たちが、コロナによる難しい状況にもかかわらず、依然として多くの会員たちとレベルの高い活動を維持できている理由は、組織にあると思っています。組織が人を中心に考え、活動し、その人がこれからどのように生きていくべきかについて一緒に考え、悩み、実践する機会が多かったので、私たちはたくさんの会員を残し、来年も一緒に考える人々がさらに増えていくのではないかと考えています。コロナという特殊な状況の中でも共に連帯し、実践し、記憶し、行動する気持ち、その一連の時間があったので、その過程の中で平和ナビネットワークは日本軍性奴隷制問題のためにこのように活動ができているのだと思います。ありがとうございます。

司会　ありがとうございます。有意義な話がたくさんできているのですが、そろそろ時間なのでここまでとさせていただきます。若い方々の多くの取り組みを聞けて、僕も励まされる思いです。皆様が今後とも活動を続けていかれること、また周囲の方々から多くの支援を受けられることを望みます。次世代の発表の中にも、共通してサバイバーの方々の証言をどのように周囲に伝えていけるのかという問題意識のもと、実に多彩な活動の提言がありました。そうした多くの新しい提案はこれまでの市民運動が蓄積してきた多くの記録や知識なくしては成り立ち得ません。

被害生存者の証言を伝える意味

梁鉉娥（ヤンヒョナ）
（女性国際戦犯法廷・南北コリア検事団検事／ジェンダー法学／ソウル大学法学専門大学院教授、日本軍「慰安婦」研究会会長）

日本軍「慰安婦」問題において、被害サバイバー（以下、サバイバー）の証言が持つ意味は非常に大きいです。金学順サバイバーが自分は「慰安婦」だったという証言をして以降に、「慰安婦」問題が韓国や世界に知られるようになったという点で、「慰安婦」問題として認識された歴史は、被害者の「証言」から始まったと言っても過言ではありません。その後韓国では多くの研究者がサバイバー証言の調査研究を始め、現在韓国では17冊ほどの証言集が出版されました。『強制連行された朝鮮人軍慰安婦たち』シリーズ1〜6集以外にも、中国に残留した被害者の証言集、地域団体や研究者たちによる証言集が出版されました。

被害サバイバーの証言がもつ意味について、今日は3つだけ話したいと思います。

1つ目は、証言が被害事実を知らしめたという点です。韓国で蓄積された190人ほどのサバイバーたちの証言によると、朝鮮人「慰安婦」の被害はあまりに深刻かつ甚大なものです。強制動員に関して被害者たちは動員の方法と時期、主体などについて語り、国外の強制移送、動員された地域について証言し、慰安所で被った被害の数々を告発しました。被害女性は、深刻な性暴力被害以外にも、性病・疾病感染、妊娠・中絶・不妊措置、殴打・拷問などさまざまな人権侵害を受けました。戦後も、戦場で放置されたり、飢餓の中で苦痛を受けたという被害を証言しました。証言を通じて、当時生き残ったとしても韓国に帰国できなかった被害者が大多数だったことも推定できます。

証言がなければ知りえなかった具体的な被害事実、しかも百名をはるかに超える被害者から繰り返し示された被害事実は、社会科学的にも信頼性を与えられる資料となりました。このように、証言は文書資料であるとともに、それ自体が歴史的資料です。現在は第2次世界大戦時の連合国軍文書や証言資料を相互参照しながら事実を確定し、その意味を解釈する研究も進められています。被害者の証言がなかったならば、たとえばアクティブ・ミュージアム「女たちの戦争と平和資料館」(wam)の「慰安所マップ」のような研究成果は出てこなかったはずです。

2つ目、被害サバイバーの証言はサバイバー自身の話だけでなく、共同体に関する話でもあります。証言には、自分の家族、一緒に連れて行かれた朝鮮の女性と少女たち、慰安所で一緒に暮らしたり亡くなったりした仲間たち、韓国に戻って出会った男性、自分の子ども（出産したり養子に迎えた）に関する話など、たくさんの話が含まれています。こうした意味で証言は、当時の生きた人びとに関する証言であり、戦争、植民地主義、家父長制のような当時の時代状況に関する証言でもあります。

3つ目、証言は被害の話であり、生存の話です。証言研究の過程で、私たちはその過酷な苦痛や逆境のなかでも、それらを克服して生き抜いてきた意志と精神力、周辺の人びとが助けてくれたことなどについて知ることができます。とくに2000年女性国際戦犯法廷の前後の証言研究では、被害者の語りにひたすら耳を傾ける「問うから聴くへ」という方法論をとるようになり、その結果、被害者は「サバイバー（survivor）」としての積極的な主体性をますます示すようになりました。これらの証言の読者たちは、もはや被害者が「かわいそうなおばあさん」ではなく、「私の母であり、私の祖母」、あるいは「わたし自身の話」でもありえると自己を投影できるようになりました。これは、被害者の記憶を「他者の記憶」とみなすのではなく、自分の記憶であり、私たちの記憶だと受け入れる過程であるという点で、とても重要な意味があると思います。

以上のように、サバイバーの証言を伝えることは、「慰安婦」問題を世界に広く知らしめて共感を得る過程であり、歴史を書き直す過程であり、正義を追求する過程ではないかと思います。このようにサバイバーの証言は、法的な証言の意味をはるかに超えて、人びとの心を動かし、歴史の認識を変えることができる力を持ったのです。

ポスト・コロニアル研究者のガヤトリ・スピヴァクは、「サバルタン(subaltern)は語ることができるか」という問いを「サバルタンの言葉を私たちは聴けるか」に変えて問いました。証言研究は、聴こえてこなかった民衆の語りを聴く行為であり、集団的な忘却から脱却させる研究です。最近、日本の岩波書店から『記憶で書き直す歴史―「慰安婦」サバイバーの語りを聴く』という証言集が出版されました〔2020年12月〕。この本は、韓国の証言集『強制連行された朝鮮人軍慰安婦たち4――記憶で書き直す歴史』（韓国挺身隊問題対策協議会・2000年女性国際戦犯法廷証言チーム、2001年）を翻訳した本です。この証言集には、先述したように、過酷な被害にもかかわらずこれらを克服し生き抜いてきた女性たちの生涯が載っており、韓国とアジアの近代史が女性のオーラルヒストリーの形で描かれています。日本の読者の方々も、この本に多くの関心を持っていただけると幸いです。

（翻訳・金 富子）

女性国際戦犯法廷20周年国際シンポジウム宣言

今日私たちは、民衆法廷「日本軍性奴隷制を裁く2000年女性国際戦犯法廷」（以下、法廷）から20周年を迎える日に集まりました。ちょうど20年前のこの日、8カ国から64人の「慰安婦」・性暴力サバイバーを含む1300人の傍聴人が見守るなか、判事4人は「天皇の有罪、日本国家に責任」という歴史的な判決を下しました（「判決の概要」）。1年後にハーグで下された最終判決では、日本軍・政府に対して「人道に対する罪としての強かんおよび性奴隷制を実行した」と明確に認定しました。

そもそも法廷の目的は、被害者の正義を求める声に応え、日本軍性奴隷制の加害責任者を証拠に基づき国際法で裁き、現在もつづく性暴力「不処罰」の連鎖を断つためでした。さらに、その背景にある日本の侵略と植民地支配、つまり植民地主義という加害の過去に向き合うものでした。

法廷から20年たった現在、法廷の目的は果たされたでしょうか。日本では日本軍「慰安婦」問題は解決せず、性暴力「不処罰」（＝無罪判決）や他民族へのヘイトスピーチが深刻です。さらに日本政府は、世界各地の〈平和の少女像〉建立を妨害する政策に示されるように、「慰安婦」問題の記憶自体を抹殺しようとしています。しかし一方で、希望もあります。世界では性暴力の加害を問う#MeToo運動、奴隷制と植民地主義を問い直すBlack Lives Matter運動、さらに法廷を直接知らない各国の若い世代から「慰安婦」問題を記憶し継承しようとする動きが出ているからです。

私たちは今日、韓国・朝鮮、中国、台湾、フィリピン、インドネシア、東ティモールの「慰安婦」・戦時性暴力サバイバーと支援団体とともに、コロナ禍のなかで、女性国際戦犯法廷20周年オンライン国際シンポジウムを開催しました。国内外の視聴者とともに、まず第1部では、法廷で首席検事をつとめたウスティニア・ドルコポルさん、阿部浩己さん、李娜榮さんと法廷を振り返るとともに、植民地主義と性暴力「不処罰」という課題の克服をめざした法廷の今日的な意義を再確認しました。

第2部では、各国の「慰安婦」・戦時性暴力サバイバーとして金学順さん、朴永心さん、李玉善さん、李容洙さん（南北コリア）、李福蘭さん、李金魚さん、李金娥さん（中国）、イアン・アパイさん、陳桃さん（台湾）、ナルシサ・クラベリアさん、エステリータ・ディさん（フィリピン）、チンダさん、ヌライニさん、ジャヘランさん、ドリさん、ミンチェさん、タシヤマさん（インドネシア）、マルタ・アブ・ベレさん、エスメラルダ・ボエさん（東ティモール）19人の過去から現在にわたる貴重な被害証言・メッセージを心に刻みました。私たちは今日、あなたたちの証言の証言者になりました。証言して亡くなられたり、あるいは名もなく歴史の波の中に消えていった被害者の方々を忘れません。

最後に今日の最大のミッションとして、判決と証言をどう未来につなげるのかに関し、東ティモールと在日朝鮮人の若者メッセージ、続いてフィリピン、台湾、韓国、日本、米国の若い世代それぞれが活動を紹介しあい、困難をどう解決しようとするのかを互いにディスカッションする場をもちました。

私たちは、日本政府による「忘却の強制」に抗い、法廷の判決とサバイバーの証言を記憶し、未来に引き継いでいくことを約束します。サバイバーの望む解決に向けて歩み続けていくことを約束します。

２０２０年12月12日
女性国際戦犯法廷20周年国際シンポジウム参加者一同

閉会あいさつ

李娜榮

（日本軍性奴隷制問題解決のための正義記憶連帯理事長）

こんにちは。正義記憶連帯理事長の李娜榮です。

まず「女性国際戦犯法廷（以下、女性法廷）20周年国際シンポジウム『女性国際戦犯法廷の判決／証言を未来にどう活かすか——いまこそ性暴力不処罰と植民地主義を断ち切るために——』の開催を心からお祝いいたします。準備と実施にご尽力くださった日本の女性国際戦犯法廷20周年実行委員会、「戦争と女性への暴力」リサーチ・アクションセンター（VAWW RAC）、日本軍「慰安婦」問題解決全国行動、明治学院大学国際平和研究所に心から感謝いたします。意義深い催しを共に開催できたことを光栄に思います。

女性法廷は、人間の良心の呼び声に応答した女性たちが、日本軍性奴隷制問題を戦争犯罪として扱わなかった戦後の国際法と帝国主義的国際秩序に挑戦し、女性の人権と平和という視点で戦時性暴力の責任を問うたという意味で大きな意義を持っています。民族、人種、国籍、言語、性別、階層、分断の境界を横断する世界市民の連帯が、より明瞭で拡張された正義の場を切り開きました。

その後、韓国の挺対協／正義記憶連帯は女性法廷の精神を継承するため不断の努力を重ねてきました。被害者支援と名誉回復、加害者の追及はもちろんのこと、記憶追悼のための平和の少女像の建立、歴史教育の場としての博物館の建設、他の戦時性暴力被害者を支援するナビ基金の設立、希望と連帯を歌う水曜デモの開催など、激動の20年を送ってきました。

この過程を常に共に歩んでくださった日本の市民と団体に限りない尊敬と感謝の気持ちを伝えます。とりわけ日本軍性奴隷制問題を世界に知らせ、女性法廷の開催を主導し、加害国の市民として倫理的な責任を果たそうと最善を尽くした故松井やより先生に深い哀悼と感謝を捧げます。そのお気持ちに今からでも報いるため、正義記憶連帯は感謝牌をお贈りしたいと思います。

女性法廷に立ったサバイバーたちのほとんどが、すでにこの世を去りました。今回の催しが、性暴力と植民地主義の連鎖を断ち切るための日韓女性の連帯と運動の精神への共鳴を呼び起こし、各国のサバイバーたちの勇気ある声と正義のための判決の意義が未来世代へと伝達される場になることを願っています。改めて女性国際戦犯法廷20周年国際シンポジウム開催のためにご努力くださった全ての皆さまに感謝し、より強固な日韓市民の連帯で共に進んで歩んでいけるよう心からお願いいたします。

2020年12月12日

記憶に向き合う

人見佐知子（近畿大学准教授）

　女性国際戦犯法廷20周年オンライン国際シンポジウムが開催されたのと同じ2020年12月、「慰安婦」は「自発的」に契約を結んだ「売春婦」であり性奴隷ではなかったと主張するハーバード大学ロースクール教授のマーク・ラムザイヤーによる論文がweb公開された。この問題にたいするアクティビストや研究者たちの反応は素早かった。それは、またたく間に世界中に広がった（茶谷さやか「ラムザイヤー論文はなぜ「事件」となったのか」『世界』2021年5月号）。こうした動きを可能にした背景のひとつは、1991年に金学順さんが名乗り出て以来、「慰安婦」問題の解決をめざす社会運動が日韓やアジアを超えて世界的な連帯と結束を高めてきたことにあるだろう。コロナ禍においてもテクノロジーを駆使して世界をオンラインでつないだ本シンポジウムが開催され、成功をおさめたことがその証左である。とりわけ第二部の後半における各国の若者たちのしなやかな活動と、グローバルな連帯が示した未来の可能性には、強い感銘を受けた。

　第二部の前半では、7地域19人の「慰安婦」サバイバーの「証言」映像をみた。「証言」者の1人がチンダさんである。それは、2019年9月、インドネシア・スラウェシ島パレパレに暮らすチンダさんの自宅を訪ねるシーンから始まる。笑顔で出迎えたチンダさんの案内で到着した長屋で撮影クルーを待っていたのは、チンダさん自慢のたくさんの美味しそうなお菓子だった。南スラウェシ州では、陸軍の命令で綿布生産を行なっていた鐘淵紡績株式会社が軍性奴隷制に関与していた（松野明久「東南アジア島嶼部周縁地域における日本軍性奴隷制」纐纈厚・朴容九『時効なき日本軍「慰安婦」問題を問う』社会評論社）。綿布生産には現地の女性たちが動員された。パレパレの綿繰り工場で母親と働いていたチンダさんは、ある日、「オケダ」という兵士に工場内の別棟（＝「慰安所」）に呼び出され、強かんされて以後、多くの兵士の相手をさせられた。

　解放されて家に戻ったときには、両親はすでに亡くなっていた。南スラウェシには、「シリ（恥・名誉）」という親族のプライドを誇る文化があるという。チンダさんは、「シリ」を傷つけたとして一族から排除されて元いた場所には住めなかった。戦後、家政婦をしていた中国人の家で独り立ちできるようにとお菓子の作り方を学び、それで命をつないできた。

わたしに強い印象を残したのは、チンダさんにインタビュアーが「いつが一番悲しかったか」と質問したときである。字幕や翻訳の問題などがあるので断定はできないが、過去形で発せられたこの質問への答えには、「慰安婦」の経験が期待されていたのではないかと思う。なにより、映像をみていたわたし自身がそういう答えを予想した。

しかし、それにたいしてチンダさんは、「今がいちばんキツい」と答えた。足が痛くてお菓子を売り歩くことができないからだという。そして、お菓子は「チンダさんのプライドなのかもしれない」というテロップが流れた。

この映像は、わたしに梁鉉娥（ヤンヒョナ）らの『証言4集』（韓国挺身隊問題対策協議会・2000年女性国際戦犯法廷証言チーム（金富子・古橋綾編訳）『記憶で書き直す歴史』岩波書店）の活動を思い起こさせた。2000年の女性国際戦犯法廷の準備過程で実施されたこの証言集活動の最大の特徴は、「問うから聴くへ」と聞き取りの方法を大きく転換した点にある。それは、聴き手の関心に基づいた質問を抑制し、語りの主導権をサバイバーに委ねることだった。そうして『証言4集』は、複合的で多面的で、ときには矛盾さえある証言者たちの「証言」から、多様で躍動的な主体として被害者を再現した。

はたして第二部の締めくくりに梁鉉娥が登場し、短いながらも格調高いコメントを寄せたことは、「慰安婦」サバイバーとしてのチンダさんの「証言」の意味を考えるうえでもたいへん意義深く感じた。お菓子が売れない今がいちばんキツいというチンダさんの「証言」は、「慰安所」の経験がもたらしたのは直接的な性暴力被害のみならず、人生全体にわたる経済的な貧困や社会的孤立であること、そしてその貧困や孤立を（ときには周囲の支援を得ながら——チンダさんに寄り添う近所の女性や子どもたちの映像も印象的だった）生き抜いてきたチンダさんの意志や尊厳を示している。

他方で、七つの地域の「慰安婦」サバイバーの「証言」映像は、日本人「慰安婦」の不在を際立たせた。現在の日本では、右派による歴史修正主義のみならず、「モデル被害者」論で被害証言を疑うフェミニズム言説さえある。日本人「慰安婦」の沈黙にも向き合いたいと思う。

メディアも加害者だと言わざるを得ない

柏尾安希子（神奈川新聞記者）

戦犯として、昭和天皇は有罪。

２０００年12月12日、戦時性奴隷制度である日本軍「慰安婦」制度を追及した「女性国際戦犯法廷」が下した判決は、歴史をたどり、常識的に考えれば当たり前に導かれるはずの結論だ。天皇は大元帥で、最高司令官だったのだから。だが、日本社会はその結論を直視することを避け続け、口にすることすらはばかられる状況が続いた。

こんなに客観的で、合理的で、まともな判断を、よくぞこの日本で。あらためて民衆法廷が下した判決を振り返り、感動を禁じ得ない。敗戦後すぐに日本人自身がすべきだったことが、55年を経て実現したのだと思った。法廷20周年を記念した国際シンポジウムを取材しながら、直接法廷を取材し、被害女性たちが日本国家によってどれだけ蹂躙されたのか、その叫びや、責任の所在を明らかにした判決を自分の耳で聞き、伝えたかったと心から思った。法廷に携わった人たちには、ひたすら尊敬の念しかない。

一方で、こうした当たり前の判断にも感動を覚えざるを得ない、異常な日本の現状をあらためて痛感させられた。今の日本は、本当に酷い有様だ。

日本軍「慰安婦」問題をもみ消したいという圧力は、いまや社会全体に広がる。政府は「性奴隷制度ではない」と声高に主張し、「慰安婦」をモチーフにした《平和の少女像》を設置しようとする海外の動きを露骨に妨害する。そうした政府の動きにお墨付きを得て、インターネットでは「慰安婦」問題に関する誹謗中傷や罵詈雑言があふれる。

「慰安婦」問題だけでない。たとえば、南京大虐殺についても「なかった」とする声は絶えない。日本による加害を正当化したり、なかったことにしようとしたりする言説は、SNSを覗けば当たり前に転がっており、すそ野も広がっている印象がある。加害を告発する人たちへの「反日」という言葉も、いつの間にかよく聞く表現になってしまった。

戦争責任に到っては、宙ぶらりんの状態がいよいよ強まる。戦争の総括を連合国軍による極東国際軍事裁判（東京裁判）に押しつけ、自らはなんら動かないでおきながら、いまさら東京裁判を「勝者による一方的な裁き」とし、戦争行為を正当化しようともくろむ勢力がいる。そういう主張をする人たちは、口が裂けても「天皇に戦争責任がある」などとは認めず、戦争責任は依然、日本社会の大きなタブーでもある。それなら一体、あの戦争の責任はどこに所在するというのだろうか。あれだけ他国の人の尊厳を踏みにじり、命を奪い、日本人も犬死にさせた責任は。

敗戦後、76年もの月日を経てなおこの状態だ。シンポでは、法廷の主席検事を務めたフリンダース大のウスティナ・ドルゴポルさんが「サンフランシスコ講和条約で日本政府は残虐行為への責任を認めている」と語った。いまだにそう諫め続けなければならないのだ。

「慰安婦」被害女性らの証言には、日本人として本当に申し訳なく、恥ずかしく、頭を上げることができない思いだった。だが、あれだけの傷を与えながら、なお事実を直視せず、国家責任を逃れようとする姿勢を国は隠さない。

被害者たちが日本政府を相手取ったソウル中央地裁での損害賠償請求訴訟では、２０２１年に2件の判決が出たが、日本政府は主権免除を理由に一切参加しなかった。同年4月には、政府が日本維新の会の馬場伸幸衆院議員の質問主意書に対し、「従軍慰安婦」という表現は軍により強制連行されたと「誤解を招くおそれ」があるとして、単に「慰安婦」とすることが「適切」だと閣議決定した。教科書の文言もそれに基づき塗り替える姿勢を見せる。

あまりの卑劣さに言葉がない。そんな状態で「慰安婦」制度が内包する性別、民族、人種などのさまざまな差別を自覚し、改善できるわけがない。それらの差別は現在もなお、社会に深く根を張り続けている。

最後に、こうした状況を許しているのはメディアに大きな責任があると認めないわけにはいかない。シンポを取材したメディアは15人いたそうだが、日本の一般メディアで記事にしたのは共同通信と神奈川新聞だけだったという。この状況はなんなのか。問題を直視せず、思考停止に陥り、特定の人たちから「反日」と攻撃されかねない記事は書かない。そうした空気が広がっているのだとすれば、メディアも立派な加害者だと言わざるを得ない。

共に闘う道を模索したい

田部井杏佳（VAWW RAC 運営委員／司会）

「私は最後に脚を伸ばして寝たいんだ」と日本人である私たちを目の前にして言った金福童さんの言葉を、女性国際戦犯法廷20周年の証言映像を観ながら思い出していた。

今回の20周年記念シンポジウムは新型コロナウイルスの影響により、すべてがオンラインで行われ、最重要項目の1つであるサバイバーの証言も事前に編集した映像を流す形となった。直接にサバイバーにお会いできないのはとても残念なことではあるが、すでに亡くなってしまったサバイバーや、サバイバーの過去の姿・証言も含めることができたのは、かえってよかったのではないかと思う。近い将来、サバイバーのいない時代がやってくる。その時に、今日に至るまで粘り強く運動を続けてきた活動家の方々が撮影してきたサバイバーの映像をもって、どのように次世代に日本軍「慰安婦」問題を伝えていくことができるのか、ということは今回のシンポジウムの大きなテーマの1つだったと思う。実際にできあがった映像を見てみると、映像の持つ力を改めて感じることができた。映像をとおして、私たちは多くのすでに亡くなってしまったサバイバーが日本政府へ謝罪と賠償を求め戦う姿、戦後に至るまで人生を破壊された女性たちの涙と怒りと再び出会った。それは、いまだに私たちが日本政府から真摯な謝罪と法的賠償、歴史教育などを含めた最低限のことも達成できていない現実を突きつけるものだ。

また、各国のサバイバーの姿を改めて見ると、その背後に名もなく無残に殺されていった無数の被害者たちの存在、数えきれないほどの日本軍の残虐行為が浮かび上がってくる。証言映像を見ている間の身動きがとれないような緊張感は、直接証言を聞いている時に共通するものがあった。

しかし、同時に考えなくてはいけないことは、証言を聞いて日本軍「慰安婦」問題について「知る」だけでは不十分だということである。日本軍「慰安婦」問題は単なる過去の出来事ではない。サバイバーがなぜ思い出したくもない経験を私たちに伝えているのかということを今一度深く考える必要がある。そして、女性国際戦犯法廷から20年も経った今、この法廷を再び想起しなければならない理由は、その精神を引き継ぎ、責任の所在を明らかにし、日本政府からの法的賠償を含む正義の実現を今こそ強く求め続ける必要があるからである。

今まで運動を続けてきた活動家の意思を引き継ぎ活動していくということも、次世代に期待される大きな役割であるが、それと同時に1人1人が日々の生活のなかで、家族・友人・職場の関係のなかで、小さな闘いを続けていくことも重要である。

日常会話のなかで突然、日本軍「慰安婦」などの日本の加害の歴史を否定するような発言が出てくることがある。その時、私たちはその人との関係性を気にしながらも、毅然とした態度でその発言を問題化できるだろうか。そのような日々の闘いのためには、しっかりと歴史の事実を学んでいること、そして志を同じくする人々との出会いが大きな力となるのだということを今回のシンポジウムやその準備過程で感じた。

特に、第二部の次世代の報告では、学びの機会が公的な教育から奪われているなかでも、希望のたね基金などの活動を通じて歴史を知り、仲間と出会い、小さな活動がスタートし、未来への大きな力が生まれる可能性を見ることができた。

私自身も日本軍「慰安婦」問題を学んだ者として、サバイバーの証言を聞く機会を得た者として、まさに具体的な行動が求められているのだと痛感した。

金福童さんは、ついに脚を伸ばして寝たい、という願いを叶えることなく亡くなってしまった。証言映像に登場した多くのサバイバーもその怒りと悲しみを和らげることなくこの世を去ってしまった。サバイバーたちの語りかけは他でもない私たちに向けられていたし、世界中に設置の進む《平和の少女像》の見つめる視線の先は、私たちでもある。そして、女性国際戦犯法廷で「天皇有罪」という判決を聞いた時のサバイバーたちのあの歓喜は、今私たちに責任として突き刺さっている。

すでに正義の実現には遅すぎるが、決して諦めることはできないし、諦めるようなことがあってはならない。世界中に存在する仲間を見つけ、共に闘う道を模索していきたい。

デジタルネイティブ世代が運動にかかわること

有田光希（日本軍「慰安婦」問題解決全国行動／司会）

私は、地元九州で、日中韓交流や歴史問題の取り組みをメインにした同世代が集まるグループで活動しています。また、希望のたね基金などの企画を通じて韓国やインドネシアのサバイバーを訪問しつつ、日本軍「慰安婦」問題解決全国行動に参加して主にオンライン企画時の運営のサポートやホームページの編集担当をしています。今回のシンポジウムでは、第二部が若い世代を中心とした企画ということで司会の任を受けました。

各国の次世代グループの発表では、それぞれの特色や工夫が現れた素晴らしい報告を聞くことができました。各活動報告のなかには、今後の運動の進展に関わる非常に多くのヒントがあったように思います。フィリピンの発表では、時世をとらえたテーマでの映像発信があり、次世代が記録・資料のデジタル化という取り組みを行なうことの重要性が示されました。台湾では人気のYouTuberとのコラボで多くの人々に問題をリーチさせ、日本の報告ではオンラインミーティングの活用によって韓国の同世代と直接交流を図りながら緊密な連携をとることで、困難はあれども日韓のグループとして一つのタスクを進めていけることが示されました。アメリカでの活動は、ウェビナーという媒体を介して次世代がグローバルな活動を展開していく非常によいモデルケースといえるでしょう。韓国の発表では、オンラインとオフラインを組み合わせた大々的なキャンペーンの展開と同時に、人々の世論を独自に調査しつつ方向を模索し反映していくあり方が示されました。これは世代を問わず大衆に呼びかけていく市民運動の理想的な形だと思います。

今回、司会をするに際して、個人的な関心事項としてデジタルネイティブ世代が運動にかかわっていくということを一つのテーマに取り上げたいと思いました。

サバイバーの方々はもとより、彼女たちに寄り添いこれまで運動をけん引してきた世代も次第に高齢となっていかれるなかで、証言映像や運動の記録をいかに残し、必要な時にアクセスできる環境をつくることは重要な課題だと思います。既存の運動のなかに入って、そこにデジタル技術を持ち込んだり、あるいは資料の整理などに参加していくことのできる次世代の方がもっと増えていくことを望みます。資料の整理などはあまり目立たないような活動かもしれません。しかし、これからの運動の継承やさらなる研究、次世代への教育などすべてに関わる非常に重要な役割を持っています。

今回の国際シンポジウムも、当時の状況やサバイバーの方の証言、そしてこれまでの運動の記録がしっかり残されていたことで充実した内容になりました。もちろん、デジタル技術を活用した運動というのが次世代にしかできないというわけではありません。この間のコロナ禍において、対面で一堂に会する類のイベントなどが開催しづらくなる一方で、ZoomやYouTubeを活用したオンラインでの運動が非常に活発になりました。従来であれば、僕のように地方に住んでいては参加できなかったイベントにも予定さえ合えば参加できるようになり、また、限定配信でアーカイブ配信されることで、当日に予定が合わなくても後日好きな時間に視聴できるようになりました。

従来世代の運動の場が、オフラインに限定されていたものからオンラインも合わせて可能になってきたことは、次世代が運動に合流する間口を広げる機会になりうるように思います。街頭に立ってアピールしたり、署名を集めたり、あるいはイベントに直接参加したりといった表に立つ形の運動が苦手な人でも、問題に興味を持ち何かの役に立ちたいという人は多くいるように思います。そういった人でも、オンラインツールを用いた企画の運営の補助やオンライン署名の拡散、SNSでの発信などであれば、時間的地理的なハードルも低く、多くの人が運動に参画していくことができると思います。

次世代による独自の運動が着実に展開されていくのと同時に、既存の運動と相互に協力し合い、世代間の経験や技術、知識の共有が進んでいくことでさまざまな形態の運動が生まれ、その裾野が広まっていくことを望みます。それはサバイバーの方たちのためだけでなく、私たち自身、そしてこれから生まれてくるすべての世代にとってよい社会を実現するためにも必要不可欠なことだと思い、私自身も日々活動しています。

証言をとおして共有すること

伊藤美咲（学生／キボタネ日韓若者プロジェクト）

冒頭、個人的な話になりますが、私は女性国際戦犯法廷が開催された2000年生まれです。私にとっては単に縁を感じるという以上に、法廷との時間の隔たりを強く意識させられます。一方現実に目を向けると、この問題の解決とは程遠い状況、たとえば若者が日本軍「慰安婦」問題を敬遠してしまうような状況が存在していることを実感します。

私は希望のたね基金（以下〝キボタネ〟）が主催している、韓国での若者ツアーおよび日韓若者プロジェクトに参加していたため、女性国際戦犯法廷20周年シンポジウムでは、日本の若者として取り組んでいることを発表しました。もともと関心を寄せていたシンポジウムだったので、登壇者として関わることができて光栄でした。

私が「慰安婦」問題について学び始めたのは2019年、大学1年の夏頃でした。私は高校生の時に日本のジェンダー問題に興味を持ちましたが、「慰安婦」問題が日本社会における家父長制、ジェンダー差別の問題に繋がっているという視点は持っていませんでした。むしろメディア報道を通して「慰安婦」問題とは、日韓両国の到底分かり合うことのない歴史認識のずれなのだ、という印象を持っていました。それからドキュメンタリー『主戦場』を観たことが一つのきっかけになり、「慰安婦」問題は戦時性暴力であり、社会における重要なジェンダー問題であると認識が大きく変化しました。

シンポジウムを終えて率直な感想としては、約1年弱の期間、「慰安婦」問題について考え続けてきた一つの区切りになったと思いました。シンポジウム参加国の若者同士で、それぞれの取り組みについて情報共有できたことによって、日本のみならず世界各国で活動している同年代の仲間と連帯していく必要性を一層感じ、次への活動につながるエネルギーも得ることができました。

また、シンポジウム終了後に、寄せられた感想を読む中で、若者が行なっている活動を知ることができてよかったという意見はもちろん、特に日本の場合、今後若者がどのように活動を継承していくかについて懸念する意見が多く見受けられたことが印象に残りました。

私はキボタネの日韓若者プロジェクトの「証言チーム」で、サバイバー女性の証言朗読を通じ「慰安婦」問題に対しどのような印象を持っているか、同年代の若者と話す機会を持ちました。対話をするなかで、「慰安婦」問題は遠い過去の歴史の話という印象が強く、自分たちとは距離を感じてしまうという意見を聞きました。#MeTooや#KuTooといった話題は自身の将来や生活に直接関わっているという印象から興味を持ちやすいが、「慰安婦」問題はそうではないというのです。それに対して、私が2019年夏に参加したキボタネ主催の若者ツアーでは、参加者の間で「慰安婦」問題について関心を持っていることを周りに伝えづらい、という話題がよくあがっていました。

このように「慰安婦」問題をよく知らない若者と、勉強し活動に関わっている若者同士がお互いに分断されてしまう状況は、戦時性暴力の問題をサバイバーの存在なしに〝従軍慰安婦〟という大きな主語で語っている日本社会と、強くリンクしていると思います。

そこで私は、日本の若者には「慰安婦」被害者の証言に触れる場、証言を共有する機会が最も必要ではないかと考えます。さらに「慰安婦」問題を知っている人が、知らない人に〝教える〟といった構図ではなく、証言をとおして何を感じたのかというシンプルでありながら、重要なテーマを共有する取り組みを広げていきたいです。さまざまなバックグラウンドを抱えた多様な私たち＝若者が、2000年の女性国際戦犯法廷のように一人一人の証言に対してこれまで以上にていねいに向き合っていくことが大切であると思うのです。

札幌でともに見た国際シンポジウム

水上さえ（フェアビジョン編集局）

草の根の市民たちが準備し、天皇と軍上層部の戦争犯罪をきっちり裁いた「女性国際戦犯法廷」。中原道子さんのお話や記録映像から、畏敬の念を抱いていた法廷の20周年企画が開催される、とのことで、札幌でもなにかできれば、と実行委員会に参加しました。

札幌での開催にあたって、札幌市内でギャラリー茶門（タムン）を運営し、さまざまな学習会を企画している「みんなのひろばハンマダン」主宰の曺金時江（チョキムシガン）さんに相談し、ハンマダンと私が主宰するwhat'sで共催することになりました。時江さんは日本軍「慰安婦」問題の解決を目指す北海道の会共同代表でもあり、今も続く植民地主義との関連など準備のため意見交換すること自体がとても勉強になりました。事前学習会として11月23日に女性法廷のビデオと、女性法廷10周年のＤＶＤ上映会をしました。改めて法廷の凄さと意義を感じ、たくさんの人に知ってもらいたいと思いました。

シンポジウムを大画面で

シンポジウムは、コロナ騒動でやむを得ずオンラインとなりましたが、せめてこの問題に関心のある方たちと一緒に見て、感想を話し合いたいと思いました。それで会場を借りてwifiとプロジェクターをつなぎシンポジウムを上映する企画を実行委員会で提案すると、オンラインと同額の参加費を集めるということになりました。

当日午前中には『終わらない戦争』有料上映会をしました。60分の映画の後半に「謝罪してほしい」という証言が何度も出てきて、「なぜこの問題を解決せねばならないか」を理屈でなく感じることができました。それが午後からのシンポジウムのテーマとつながり、この作品にしてよかったと思いました。

当日の会場は、３・６×２・４ｍのスクリーンがある区民センターのホールを借りました。以前、『ナヌムの家』の上映会をした時に、小さなテレビ画面で観た試写の映像と上映会の大画面で観た印象がまったく違ったので、今回もサバイバーの女性たちの証言を大画面でみてもらいたかったのです。予想どおり、頭上、画面いっぱいに映し出される女性たちの表情は迫力があり、目が離せませんでした。

シンポジウム終了後は、高揚した雰囲気のなか、次々と話かけられました。皆さん、何か、感じたことを話して共有したかったのだと思います。「第二部の各国の若者たちの報告がとてもよかった」と言って満足した表情で帰った方もいました。

「直接」出会うことの意味

この雰囲気を肌で感じて、人と人が直接出会うことの意味について考えさせられました。20年前の映像に映る、満員の会場で喜びあう高揚した女性たちの表情、映像に映らないさまざまな出会いやドラマ。昨年からコロナ騒動を理由に、リモートでのイベントが当たり前になっていますが、事情が許せば、できるだけ人が「直接」出会う場を大事にしていきたいと思いました。

当日のアンケートには、自宅にオンラインの設備がなくてあきらめていた方からの感謝の言葉が書かれていました。リモートが当たり前になる社会はなんだか少し怖いので、今後もこうした試みを続けていきたいです。

今後の課題

それにしても、この法廷に触発され、その後世界各地で民衆法廷が開かれたのに、日本の状況は相も変わらずどころか、明らかに逆行してしまっているのはどうしてなのでしょう。

あの法廷のあと、いったい何が起き、どんな流れがあって、今のような状況になったのか。時の政権の問題ではないことを、この20年が示しているようにも感じました。自分自身の活動を振り返りながら、ひとつひとつ検証していくことが、私にとってのもう一つの20周年企画となりそうです。

アンケートから

※このたび、女性国際戦犯法廷20周年シンポジウムに参加された多くの方からご感想をいただきました。ご感想のうちから一部整理・抜粋したものを掲載します。

◆貴重な講演や映像は大変勉強になりました。自分は学生なので、世界各地で同世代が日本軍「慰安婦」問題解決のための実践を積み重ねていることにも刺激を受け、また希望を感じました。個人としてもこの女性法廷の実践を記憶し、伝えていきたいと思います。

◆2000年法廷に関わった方々やサバイバーの方々の声を聞ける貴重な機会だった。自分たちと同世代の若者が各国でこうした問題に取り組んでいることを知り、自分も動かなければならないと感じた。若い世代が主体的に参加されていることに、希望を感じました。

◆女性法廷シンポジウムを通じ、私がサバイバーの方々の声、共有しきれない経験を「消費」しない形または安易に言い換えてしまわない形でいかに継承することができるのか改めて考えました。

日本で生きる日本人として、歴史修正主義的な言説やレイシズムに迎合する言論空間や、植民地主義を正当化する日本政府を維持してしまっている状況に不本意ですが加担してしまっている私自身のことも見つめ直すきっかけにもなったと思います。

サバイバーの方々に刻まれた皺が示す生きのびてきた年月、生きている限り何度も到来する暴力的な記憶など決して私が共有しきれないですが、それでも知らなければならないこと、伝えていかねばならないことがたくさんあるにもかかわらず、ナショナリズムと政府が結託した嘘が蔓延しています。こうした状況で些細な「孤独感」から学ぶことに挫折しかけていましたが、「慰安婦」制度に関して問題意識を持って活動されている方々、そして苦痛、迫害、孤独を伴いながらも告発してくださったサバイバーの方々の声を聴けて勇気を頂けました。

◆過去と向き合わない日本政府は、現在の問題とも向き合っていない、つまり未来への構想力がないということを改めて感じました。それに引き替え、若い人々のそれぞれの国（地域）での取り組みが頼もしく、心強く、希望を感じました。公教育に期待できない以上（政権を変えないことには）、さまざまな方法で、「従軍慰安婦」問題を知らせる、考える場面を作る努力が必要だと思いました。

裕仁他の有罪判決をもって、原宿まで（?）歩いた、あの日からちょうど20年目にこのイベントを開催してくださりすべての関係者に心から感謝します。

証言映像に、改めて強い衝撃と、日本軍と日本という国の非道に、激しい憤りを感じます。人間、どうしたらあそこまで残虐になれるのでしょうか！　被害者は殺されるよりもっと辛かったと思います。日本の国から謝罪と補償を勝ち取るまで闘いを貫きましょう。

うれしかったのは、未来へつなぐ若者たちの姿が各国に見られたことです。若者たちの存在は希望の光です。さらに大きく育つことを願っています。　この困難な時代に、ネットワークでつながり各地の活動を共有、アップデイトできたことはすばらしい。特にアジア各地のサバイバー証言の持つ力に改めて胸をゆさぶられました。また各国の若者たちがこの活動に積極的に関わってくれていることは、後ろ向きな暗い日本社会にとって、大きな希望です。実行委員会の皆様、お疲れさまでした、ありがとうございました！

◆非常に充実したイベントでした。20年前の戦犯法廷については、同時期に関心を持っていなかったこともあり、あとから文献で読んでも今一つ実感がわかなかったのですが、今日、関係者の方々の発言を聞いて、その歴史的な意義がようやくドスンと腑に落ちた気がします。各国の被害者の方々の映像を見ることができたのも大きな意味がありました。彼女たちの苦痛を自分のもののように感じることができました。何十年たっても被害は終わっていないし、解決のためには心からの謝罪が必要だということを改めて痛感しました。

◆報告内容が相互連関するもので、また、この問題が現代の問題に通じることがそれぞれの報告から知らされました。たとえば、李娜榮報告では、韓国の若い世代が親たちの民主化運動の経験のうえに各地に拠点を作りながら、多様な方法で取り組んでいる意義と可能性がさらに理解できました。在日3世の学生さんは、日本政府による朝鮮大学校への差別的処遇（ＣＯＶＩＤ-19でもさらに）が高等教育の場で、このシンポが対象とするようなことを学び、考える権利を奪うものであることを指摘して下さいました。日本の「キボタネ」の活動報告では、「日本の若者の現状」から、「友人や家族にも伝えられない、怖い」という点に、ＣＯＶＩＤ-19で委縮、自粛する日本社会がより深刻な状況にあると感じました。阿部報告の女性法廷に取り組んでこられたゆえの、「植民地主義」の問題を問い直す意義、また、ドルゴポル報告の「自分の手で力と影響力を付けてきた」「草の根の取り組み」に励まされました。Ｗｅｂシンポでは、聴衆参加者同士の顔が見えず、拍手や歓声を聞いたり、ため息を感じることができませんが、サバイバーと本問題に関心ある人たちが孤立しない（させない）よう、自分のささやかな取り組みを通じてでも「サバイバーの望む解決に向けて歩み続けていく」（宣言文）こと、そこに共同者がいることを、改めて自覚する機会となりました。

◆20周年のよいイベントがあってうれしいです。20年前の女性法廷が大きな役割を果たしたことを改めて考えました。証言者が託してくれた思いに応えられていない日本の現状をどうしたらよいのかと日本国民としての責任を感じ、残念に思います。ＮＨＫの女性法廷のドキュメンタリー番組に圧力をかけた政治家、とりわけ安倍晋三が首相になってしまい、報道に対する政治権力者の介入が当たり前のように行なわれている現状については、シンポジウムで触れられませんでしたが、この20年間を方向づけた大きな出来事だったと思います。しかしこのシンポジウムを企画し実行してくれている皆さん、とりわけ若い方々の力に希望を感じましたし、諦めずに自分の年齢なりにできることをしていきたいと思いました。20年目のシンポジウムを企画しコロナの感染拡大の中でも工夫し実行してくださった皆様に感謝いたします。

◆私は20年前に九段会館での女性法廷を取材しました。尊敬する松井やよりさんが同志と共に命をかけて実現した法廷では、日本軍性奴隷に関し、昭和天皇に有罪判決を言い渡し、日本国に謝罪と賠償を命じました。あれから20年、義務教育の学校教科書から日本軍「慰安婦」の記述が消え、自公野合・日本会議・靖国派政権が続き、歴史の改竄、南北朝鮮・中国バッシングの最中にある日本国の現状を憂いながら、シンポジウムを視聴しました。

私はがんで声帯を失っている、基礎疾患のある高齢ジャーナリストです。ネットの有料イベントに参加、取材するのは初めてでした。

シンポは大成功でした。1年前から準備され、コロナ禍でのネットイベントとなったことなどで、大変だったと思います。実行委のみなさんのご努力に心より敬意を表します。

民衆法廷の当時の検事の方たちの報告、被害者19人の証言などを視聴し、改めて被害の深刻さを確認できました。

私にとって懐かしい人たちが画面に出てきて、感慨深いものがありました。松井さんの動画が随所にあり、よかったです。89年から92年まで共同通信特派員をしたインドネシアのサバイバーの紹介で、友人の鈴木隆史さんがチンダさんの通訳をしていました。東ティモールの部分では、一緒に活動した松野明久さん、古沢希代子さんが担当されました。

インドネシアでは、ノーベル文学賞の候補になったプラムディア・アナンタ・ツール氏の70年代の著作に「ianfu」（今でもインドネシア語にromusha、heihoなどと共に残っています）のことが出ています。

私は平壌からの二つの団体の声明に強く共感します。在日朝鮮人の女性のメッセージを受け止めたいと思います。

各国の19人の声、各国の若者たちの決意表明・メッセージに、光が見えました。最後のイ・ナヨンさんのまとめもとてもよかったと思います。

キシャクラブメディアのシンポに対する冷たさには怒りを感じます。購読している昨日の朝日新聞、東京新聞、しんぶん赤旗に記事がありませんでした。赤旗は後で記事が出ると思います。テレビ、通信社も、私が見た限り、どこも報道していません。竹岡健司氏がＦＢに12月13日の神奈川新聞の記事をアップしてくれ、柏尾安希子記者が書いた素晴らしい記事を読みました。20年前も読売新聞が一字も記事にせず、報道したメディアも小さい扱いでした。拉致事件など日本国民が被害に遭った事件では、キシャクラブメディアは被害者家族の学校での後援会まで熱心に報じるのに、日本が１８９５年から１９４５年まで、アジア太平洋諸国を侵略・軍事占領した加害責任は、積極的に報道しません。

歴史の真実に背を向ける国と国民に明るい未来はありません。このシンポに関わった多くの日本の若者たちと連帯し、72歳の生涯一記者も、日本国と国民が過去の侵略・強制占領、植民地支配を謝罪し、国家として賠償するよう、活動を続けます。

それでも法廷の意味はあった

坂上香
（ドキュメンタリー映画監督）

このたびは女性国際戦犯法廷20周年国際シンポジウムの企画、運営、事後の対応など諸々ご苦労様でした。コロナ禍のなか、オンラインという方法で開催してくださり、しかも後追いで見ることを可能にしてくださったことにも深く感謝いたします。当日は先約があり、未来への提言の数十分しか見ることができていなかったのですが、こうして年末まで公開してくださったおかげでようやくすべてを見ることができて、感慨深いです。

「慰安婦」にさせられたサバイバーの女性たちを訪ね、彼女たちの証言をていねいに聞き、映像化してくださったことに、ひたすら感謝です。

20年前会場でお見かけした女性たちが映像で元気にしておられる姿を見てはホッとしたり、数年後に亡くなったというテロップを見てため息をついたり、映像一つ一つが重くて、もし当日そのまま見ていたら、聞き逃してしまったかもしれないところも、止めたり、戻って聞き直すことができたのも大変ありがたかったです。

彼女たちの言葉を、苦しみを、ただ聞くだけで終わらせてしまわないようにしなくてはという思いに改めて駆られています。

東ティモールのエスメラルダさんは、成田空港で私たちＴＶクルーのカメラに向かって「シモムラ〜」と何度も叫ばれたことを今も忘れられないのですが、そのシモムラに触れて、ここにいたという現場が写しだされていた場面では鷲掴みになりました。そして、彼女は悪夢のような体験をした現場近くでずっと暮らしてきたんだということを知ることにもなり、正直今も気持ちが揺れたままです。加えて、フィリピンやインドネシアの方々の証言も本当に突き刺さる思いがしました。

また、昨日公開してくださった松井やよりさんの映像は、冒頭から涙が止まらなくなりました。改ざんされたＥＴＶに関わっていた者として、いろいろな思いがこみあげてきました。ＥＴＶの改ざんや訴訟という負担が彼女の命をさらに縮めてしまったのではないかというかつての思いが蘇り、じくじたる思いです。

20年がすでに経ってしまったわけですが、そして「慰安婦」の歴史を消そうとする勢力が以前より増してしまっているわけですが、それでも女性国際戦犯法廷の意味があったことは、関係者や専門家の解説などで改めて感じ入りました。そして、最後の若い世代の活動ぶりやコメントには希望を感じさせられました。

彼らにすべてを押し付けるのは違うと自ら反省しつつ、それでも彼らの存在は希望だと感じます。

今映像を見終わったばかりで思いがこみ上げ、まとまりがつかないコメントですが、気持ちが熱いうちにと思ってメールさせていただきました。心より、ありがとうございました。

巻末資料

版会、2005年
◆メディアの危機を訴える市民ネットワーク（メキキネット）編『番組はなぜ改ざんされたか――「NHK・ETV事件」の深層』一葉社、2006年
◆放送を語る会編 『NHK番組改変事件～制作者9年目の証言』 かもがわ出版、2010年
◆アクティブ・ミュージアム「女たちの戦争と平和資料館」編 『女性国際戦犯法廷から10年～女たちの声が世界を変える~』 wam、2010年
◆永田浩三著 『NHK　鉄の沈黙はだれのために～番組改変事件10年目の告白』柏書房、2010年
◆池田恵理子・戸崎賢二・永田浩三著 『ＮＨＫが危ない！～「政府のＮＨＫ」ではなく「国民のためのＮＨＫ」へ』 あけび書房、2014年
◆女性国際戦犯法廷10周年実行委員会編『「法廷」は何を裁き、何が変わったか　性暴力・民族差別・植民地主義』女性国際戦犯法廷10周年実行委員会、2011年

＜法廷と被害サバイバーの証言を映像で観るために＞

以下の連絡先・購入先は「ビデオ塾」のHPを参照してください。（http://www.jca.apc.org/video-juku/videolist.html　参照）

◆「沈黙の歴史をやぶって――女性国際戦犯法廷の記録」（制作・著作：ビデオ塾、VAWW-NETジャパン／ 2001年／日本語版64分・英語版68分）
◆ダイジェスト版「沈黙の歴史をやぶって――女性国際戦犯法廷の記録」（制作・著作：ビデオ塾、VAWW-NETジャパン／ 2002年／日本語版21分、2006年／英語版24分）
◆「女性国際戦犯法廷 ハーグ最終判決」（制作・著作：ビデオ塾、VAWW-NETジャパン／ 2002年／日本語版・英語版33分）
◆「松井やより　全力疾走」（撮影・編集・構成：池田恵理子、日本語版28分）
◆アジアの「慰安婦」証言記録シリーズ（8作品、すべて日本語版）
・「私たちは忘れない～追悼・姜徳相ハルモニ」（制作：ビデオ塾／ 1997年／ 16分）
・「ひとつの史実～海南島「慰安婦」の証言～」（取材・構成：符祝慧／ 1998年／ 14分）
・「ビルマに消えた慰安婦たち――1997年５月～ 1998年９月現地調査の記録」（取材・構成：森川万智子／ 1999年／ 22分）
・「ビルマの日本軍「慰安婦」1997年―2000年現地調査の記録」（取材・構成：森川万智子／ 1999年／ 22分）
・「大娘（ダーニャン）たちの記憶――中国・山西省第７次聞き取り調査報告」（制作：ビデオ塾／ 1999年／ 21分）
・「中国・武漢に生きる元朝鮮人「慰安婦」河床淑の証言」（取材・構成：須田馨・瀬山紀子／ 2000年／ 10分）
・「マレーシアの元「慰安婦」ロザリンの証言」（取材・制作：徳永理彩／ 2000年／ 9分）
・「写真に記録された「慰安婦」――朝鮮民主主義人民共和国　朴永心の証言」（取材・構成：青野恵美子／ 2000年／ 20分）
◆「私たちはあきらめない～女性国際戦犯法廷から10年～」（撮影・編集・構成：池田恵理子／制作・著作：ビデオ塾、女性国際戦犯法廷10周年実行委員会／ 24分／ 2011年）
◆「大娘たちの戦争は終わらない～中国山西省・黄土の村の性暴力～」（撮影・編集 池田恵理子/58分/2004年）
◆「大娘たちの闘いは続く～日本軍性暴力パネル展の歩み～」（撮影・編集・構成：池田恵理子／制作・著作：ビデオ塾／ 29分／ 2013年）

▶女性国際戦犯法廷とその後を知るためのブック・映像ガイド

（金富子作成、池田恵理子協力）

＜法廷を知るために＞

◆VAWW-NET Japan編『日本軍性奴隷制を裁く女性国際戦犯法廷の記録（全６巻）』緑風出版、2000年（第１～４巻）、2002年（第5･６巻）

○第１巻『戦犯裁判と性暴力』（内海愛子・高橋哲哉責任編集）

○第２巻『加害の精神構造と戦後責任』（池田恵理子・大越愛子責任編集）

○第３巻『「慰安婦」・戦時性暴力の実態Ｉ――日本・台湾・朝鮮編』（金富子・宋連玉責任編集）

○第４巻『「慰安婦」戦時性暴力の実態II ── 中国・東南アジア・太平洋編』（西野瑠美子・林博史責任編集）

○第５巻『女性国際戦犯法廷の全記録I』【法廷審理の克明なドキュメント】（松井やより・西野瑠美子・金富子・林博史・川口和子・東澤靖責任編集）

○第６巻『女性国際戦犯法廷の全記録Ⅱ』【起訴状・ハーグ判決文全文】（松井やより・西野瑠美子・金富子・林博史・川口和子・東澤靖責任編集）

◆VAWW-NETジャパン編、西野瑠美子・金富子責任編集『裁かれた戦時性暴力――「日本軍性奴隷制を裁く女性国際戦犯法廷」とは何であったか』白澤社、2001年

◆VAWW-NETジャパン編『Ｑ＆Ａ女性国際戦犯法廷─「慰安婦」制度をどう裁いたか』明石書店、2002年

◆松井やより『愛と怒り　闘う勇気』岩波書店、2003年

◆アクティブ・ミュージアム「女たちの戦争と平和資料館」編　『女性国際戦犯法廷のすべて～「慰安婦」被害と加害責任～』wam、2006年

◆『世界（特集:戦時性暴力─市民による審判へ　2000年女性国際戦犯法廷の意味』2000年12月号

◆VAWW-NETジャパン編訳、松井やより・前田朗解説『増補新装2000年版 戦時・性暴力をどう裁くか　国連マクドゥーガル報告全訳』凱風社、2000年(初版1998年)

◆ラディカ・クマラスワミ著、VAWW-NETジャパン翻訳チーム訳『国連人権委員会特別報告者クマラスワミ最終報告書　女性に対する暴力をめぐる10年』明石書店、2003年

＜法廷とその後 (NHK番組改ざん裁判含む)＞

◆VAWW-NETジャパン編『NHK番組改変と政治介入　女性国際戦犯法廷をめぐって何が起きたか』世織書房、2005年

◆VAWW-NETジャパン編、西野瑠美子・金富子責任編集『消された裁き　NHK番組改変と政治介入事件』凱風社、2005年

◆アクティブ・ミュージアム「女たちの戦争と平和資料館」編　『戦時性暴力をなぜ記録するのか～女性国際戦犯法廷から「女たちの戦争と平和資料館」へ～』wam、2005年

◆「戦争と女性への暴力」日本ネットワーク編、西野瑠美子・東海林路得子責任編集『暴かれた真実　NHK番組改ざん事件　女性国際戦犯法廷と政治介入』現代書館、2010年

◆「戦争と女性への暴力」日本ネットワーク、NHK番組改変裁判弁護団『女性国際戦犯法廷　NHK番組改変裁判記録集』日本評論社、2010年

◆『インパクション（特集:NHK番組改変と女性国際戦犯法廷）』146号、インパクト出

女性国際戦犯法廷 20 周年オンライン国際シンポジウム
〈プログラム〉
女性国際戦犯法廷の判決 / 証言を未来にどう活かすか
いまこそ性暴力不処罰と植民地主義を断ち切るために

追悼のための黙祷
主催あいさつ：中原道子 (VAWW RAC)
後援あいさつ：高原孝生 (明治学院大学国際平和研究所所長)
2000 年法廷ドキュメンタリー上映 (ビデオ塾・池田恵理子編集)

< 第 1 部 > 司会：田部井杏佳
趣旨説明：金富子 (VAWW RAC 共同代表)
■基調講演 : ウスティニア・ドルコポル (法廷首席検事)
「女性国際戦犯法廷 ～市民社会の正義の追及を再定義する～」(40 分)
■日本から : 阿部浩己 (日本検事団、明治学院大学教授)
「2000 年法廷から日本の植民地主義を問い直す」(20 分)
■韓国から : 李 娜榮 (正義連理事長、韓国・中央大学教授)
「2000 年法廷から性暴力を処罰した韓国 #MeToo 運動へ」(20 分)
●「2000 年法廷関係者からの 20 周年記念メッセージ」映像と朗読 : 松井やより (過去映像)、尹貞玉（「法廷」実行委員会共同代表・当時／韓国挺身隊問題対策協議会代表・当時)、インダイ・サホール（「法廷」実行委員会共同代表・当時／女性の人権アジアセンター（ASCENT）代表・当時)、クリスチャン・チンキン（「法廷」判事・当時／ロンドン大学名誉教授)、パトリシア・セラーズ（「法廷」首席検事・当時／国際刑事裁判所ジェンダー特別諮問官)、康健（「法廷」中国検事団・当時／弁護士)、中原道子（VAWW NET ジャパン副代表・当時)、吉見義明（専門家証言・当時／中央大学名誉教授)、林博史（専門家証言・当時／関東学院大学教授)、東澤靖（「法廷」日本側検事団・当時／弁護士)、朝鮮日本軍性奴隷及び強制連行被害者問題対策委員会

< 第 2 部 > 司会：有田光希
❶日本軍「慰安婦」・戦時性暴力サバイバーの証言を聴く (約 60 分)
南北コリア : 金学順、朴永心、李玉善、李容洙
中国 : 李福蘭、李金魚、李金娥
台湾 : イアン・アパイ、陳桃
フィリピン : ナルシサ・クラベリア、エステリータ・ディ
インドネシア : チンダ、ヌライニ、ジャヘラン、ドリ、ミンチェ、タシヤマ
東ティモール : マルタ・アブ・ベレ、エスメラルダ・ボエ
❷次世代からの提言～未来へつなぐ (約 60 分)
東ティモール・在日朝鮮人、フィリピン・台湾・韓国・日本の次世代たちの現在の活動と提言
●メッセージ : 梁鉉娥 (日本軍「慰安婦」研究会会長)「サバイバー証言を伝える意味」
★女性国際戦犯法廷 20 周年国際シンポジウム宣言朗読：
柴洋子 (日本軍「慰安婦」問題解決全国行動共同代表)
閉会あいさつ：李 娜榮 (正義連理事長)

日時：2020年12月12日（土）13：00～18：00
視聴方法：Zoomウェビナーによるライブ配信。日本語通訳あり。
参加費：一般1500円　学生500円

主催：女性国際戦犯法廷20周年実行委員会
共催：「戦争と女性への暴力」リサーチ・アクションセンター（VAWW RAC）
　　　日本軍性奴隷制問題解決のための正義記憶連帯
　　　日本軍「慰安婦」問題解決全国行動
後援：明治学院大学国際平和研究所
協力：Fight for Justice（日本）、日本軍「慰安婦」研究会（韓国）

■女性国際戦犯法廷20周年実行委員
安達洋子　有田光希　井桁碧　石田凌太　伊藤早苗　伊藤美咲　大野京子　岡本有佳　小野沢あかね　片岡栄子　川見公子　菊地和行　木瀬慶子　金才順　金富子　金庚毘　國武那汰莉　小林久公　佐藤千代子　柴洋子　新畑信　龍野瑤子　田中栄子　田場祥子　田部井杏佳　田巻恵子　鄭栄桓　中野敏男　中原道子　班忠義　福田美智子　方清子　松野明久　水上さえ　村田佐希子　山口明子　山田久仁子　山田恵子　梁澄子　李鐵　渡部さつき

■賛同団体（54団体、2020年12月11日現在）
みんなの広場、中国人「慰安婦」裁判を支援する会、戦争被害調査会法を実現する市民会議、山西省・明らかにする会、(特)女たちの戦争と平和人権基金、川崎から日本軍「慰安婦」問題の解決を求める市民の会、本郷文化フォーラム女性労働研究会、アリラン慰霊のモニュメントをつくる会、「慰安婦」問題オール連帯ネットワーク、外国人住民基本法の制定を求める全国キリスト教連絡協議会、ふぇみ・ゼミ、ハーグの会、中国人強制連行を考える会、ノーモア南京の会、西東京市慰安婦問題を考える会、日本軍「慰安婦」問題解決ひろしまねっとワーク、日本婦人団体連合会、日本軍「慰安婦」問題解決をめざす北海道の会、ピースボート、日本軍「慰安婦」問題を考える会 福山、新日本婦人の会中央本部、マキータの会(フィリピン)、緑の党、埼玉アジア・アフリカ・ラテンアメリカ連帯委員会、メディア総合研究所、元町憲法9条の会、日本カトリック正義と平和協議会、9条連、在日朝鮮民主女性同盟東京本部、ふぇみん婦人民主クラブ、社会民主党広島県連合、日中友好神奈川県婦人連絡会、風をおこす女の会・松山、風をおこす女の会、旧日本軍による性的被害女性を支える会、ロラネット、にいざジェンダー平等ネットワーク、日本軍「慰安婦」問題解決全国行動、日本軍「慰安婦」問題の早期解決をめざす宮城の会、電気通信産業労働組合、VAWW RAC、一般社団法人希望のたね基金、Fight For Justice、在日朝鮮民主女性同盟中央本部、日本軍「慰安婦」問題・関西ネットワーク、戦争と女性の人権博物館日本後援会、矯風会、女性会議、日韓・日朝の明日を考える釧路かささぎの会、過去と現在を考えるネットワーク北海道、台湾の日本軍性暴力被害者・阿嬤たちを記憶し、未来につなぐ会、ウリキョレマンナメ水曜会、在日本朝鮮民主女性同盟大阪本部、日本キリスト教協議会女性委員会

▶基調報告者紹介

●ウスティニア・ドルコポル（法廷首席検事・当時） Ustinia(Tina) Dolgopol.
オーストラリア・フリンダース大学准教授。国際法。1994 年に ICJ（国際法律家委員会）で「慰安婦」問題に関し各国を調査し報告書作成（日本語訳『国際法からみた「従軍慰安婦」問題』明石書店）。また、国際刑事裁判所（ICC）設立に際しジェンダー条項を改善するためのジェンダー正義のための女性コーカスに所属 , 現在ジェンダー正義のための女性イニシアティブ諮問委員会メンバー。法廷当時は首席検事として国家責任を担当。

●阿部浩己（あべ・こうき／日本検事団・当時、明治学院大学教授）
明治学院大学教授。国際法・国際人権法。国際人権法学会理事長・日本平和学会会長などを歴任。法廷当時は日本検事。著書に『国際法の人権化』（信山社）など多数。法廷に関連する論考に共著『女性国際戦犯法廷の全記録Ⅰ』緑風出版など。

●李娜榮（イ・ナヨン／正義連理事長、韓国・中央大学教授）
（韓国）中央大学教授。フェミニズム , ポストコロニアリズム , セクシュアリティ、女性運動。現在、日本軍性奴隷制問題解決のための正義記憶連帯（正義連）理事長。民主化運動記念事業会理事。日本での共著書に『性暴力被害を聴く』（岩波書店）。

▶編者紹介

●金富子（キム プジャ）
ジェンダー史・ジェンダー論、植民地期朝鮮教育史。東京外国語大学大学院教授。VAWW RAC 共同代表。Fight for Justice 共同代表。著書『植民地期朝鮮の教育とジェンダー』（世織書房）、共著『植民地遊廓』（吉川弘文館）、共編著『Q & A 朝鮮人「慰安婦」と植民地支配責任』（御茶の水書房、韓国版サムチャン）など。

●梁澄子（ヤン チンジャ）
日本軍「慰安婦」問題解決全国行動共同代表、一般社団法人「希望のたね基金」（キボタネ）代表理事。通訳・翻訳・朝鮮語講師。編著『オレの心は負けてない』（樹の花舎）、訳書『咲ききれなかった花』（アジュマブックス）など。

●岡本有佳（おかもと ゆか）
編集者。Fight for Justice 運営委員。共編著『あいちトリエンナーレ展示中止事件』（岩波書店）、『〈平和の少女像〉はなぜ座り続けるのか』（世織書房）、『だれが「日韓対立」をつくったのか』（大月書店）、『リコール署名不正と表現の不自由』（あけび書房）、訳書『空いた椅子に刻んだ約束～〈平和の少女像〉作家ノート』（世織書房）など。

●石田凌太（いしだ・りょうた）
パリ大学修士課程 1 年生。専攻はジェンダー・スタディーズ。学部のときに《平和の少女像》について卒業論文を執筆し、現在はフェミニズム理論とともに、戦時性暴力の記憶・継承活動について研究中。希望のたね基金運営委員、Fight for Justice 学生メンバーとして活動中。

あとがき

2020年12月12日、女性国際戦犯法廷20周年の国際シンポジウムを開催した後、今年4月末から実行委員の4名が編集委員となって、本書『日本軍性奴隷制を裁く女性国際戦犯法廷から20年判決／証言を未来につなぐ』の編集がはじまりました。発表原稿のほかに、さまざまな映像を上映したため、それらをどのように文字化して記録するのか、映像から文字起こしをしたり、翻訳を確認する、動画からキャプチャで主要場面を選ぶなど、細かな作業が続きました。作業に協力いただいた関係者の皆さまに感謝します。なお、映像の一部は、Fight for Justiceサイトで公開していきますので、合わせてご覧いただければ幸いです。

基調報告していただいたドルコポルさんの原稿は、明治学院大学国際平和研究所の紀要『PRIME』第45号（2022年3月刊行）に英文が掲載されます。

本書刊行に際し、第Ⅰ部、第Ⅱ部それぞれに多彩な方にコラムをお願いし、シンポジウムの感想を書いていただきました。ありがとうございました。

シンポジウム当日はオンラインで実施したため、配信拠点は非公開にしてきました。しかし、後援してくださった明治学院大学国際平和研究所には開催1カ月前ほどから、歴史修正主義と思われる右派から妨害の電話やメールがくるようになり、大学関係者のみなさま、スタッフのみなさまにはその対応にあたりご負担をおかけしました。こうした右派の妨害により会場側の自粛傾向が強まるなか、揺るぎない対応をしてくださった明治学院大学国際平和研究所の皆さまにあらためて感謝いたします。

本書の編集最終段階である２０２１年９月８日、文部科学省は中学社会、高校地理歴史、公民科の教科書発行者５社から、「従軍慰安婦」「強制連行」などの用語・記述などに関して訂正申請があり、承認したと発表しました。これは、「政府としては、「従軍慰安婦」という用語を用いることは誤解を招くおそれがあることから、「従軍慰安婦」又は「いわゆる従軍慰安婦」ではなく、単に「慰安婦」という用語を用いることが適切であると考えており、近年、これを用いているところである」との答弁書を閣議決定した（２０２１年４月27日）ことによるものです。

こうした政治介入は決して許されるものではありません。本シンポジウムでも意識したように、加害の歴史を次世代に引き継ぐことなくして、再発を防ぐ道はありません。

本書では、あらためて日本軍「慰安婦」と表記するように心がけました。日本による加害の歴史を正当化する動きの中で、本書が女性法廷の判決、そして証言を引き継いでいくための一助になればと願っています。

最後になりましたが、厳しい出版状況のなか、本書刊行をお引き受けいただいた世織書房の伊藤晶宣さんに感謝申し上げます。

２０２１年10月10日

編　者

女性国際戦犯法廷 20 年
判決／証言をどう活かすか
日本軍性奴隷制を裁く

2021 年 11 月 10 日　第 1 版第 1 刷発行

女性国際戦犯法廷 20 周年実行委員会編
金富子・梁澄子・岡本有佳・石田凌太・責任編集 ©

表紙・本文デザイン＊風工房

発行所　（株）世織書房
発行者　伊藤晶宣
〒 220-0042 神奈川県横浜市西区戸部町 7 丁目 240 番地　文教堂ビル
TEL 045-317-3176　振替 00250-2-18694
印刷所　新灯印刷（株）
製本所　協栄製本（株）
Printed in JAPAN
ISBN978-4-86686-022-0 C0036 ¥1800E
落丁・乱丁本はお取替いたします。